AF525244

# LITTERATURRUNDANS TACK

Tack till alla våra 31 deltagande författare, föreningens projektledare, korrekturläsare, ordförande och vår bokförläggare som alla lagt ned många timmar av ideellt arbete helt utan ersättning.

Utan ekonomiskt stöd från *Svenska Akademien* och *Artes Liberales AB* hade vi ej kunnat färdigställa denna antologi.

Stort tack till er!

LITTERATURRUNDAN

# *Om*
# rätten till ORDEN

En antologi

Utgiven av:
Litteraturrundan

Utbildning - Konsulttjänst - Förlag

# *Om* rätten till ORDEN

En antologi



Foto, framsidan: Helen Halldórsdóttir
Illustration: Helena Sund

Utgivare:
Litteraturrundan ek. för. 2023
www.litteraturrundan.se
Redaktör: Helen Halldórsdóttir

Första upplagan, första tryckningen, 2023.

Förlag och distribution:
Artes Liberales AB

Tryckeri:
Books on Demand

Utbildning - Konsulttjänst - Förlag

www.artesliberalesab.se
info@artesliberalesab.se

ISBN 978-91-527-7657-5

Förord

# RÄTTEN TILL ORDEN

*"Det fria ordet är grunden för att vi ska kunna skapa ett civiliserat samhälle."* David Lagercrantz (www.svenskapen.se)

Rätten till ORDEN …

… går inte alltid att ta för given. Det att kunna räkna med att orden alltid finns där för vilka ändamål det än gäller är inte självklart. En flytt som vuxen till ett nytt land gör att den första tiden upplevs för det mesta som om tillgången till orden helt har upphört, att de flesta orden inte fungerar i det nya landet, språket. Det tar väldigt olika lång tid för oss att lära oss ett helt nytt språk så pass bra att vi kan behärska det främmande språket på samma sätt som det egna modersmålet om ens någon gång.

- De fria orden har sällan varit så viktiga som just nu då det fria ordet inte kan tas för givet i allt fler länder, även i länder som kallar sig demokratier.

Det finns förbjudna böcker i många länder, t.o.m. i den gigantiska demokratin USA förbjuds i flera stater böcker som rör temat abort, homosexualitet m.m.

Under coronapandemin 2020 - 2022 fördrev väldigt många människor tiden, runt om i Sverige och i hela världen, genom ord i tryckta eller inlästa böcker. De var ofta helt eller delvis isolerade i sina hem, och utöver böcker ägnade de tiden åt att se filmer och serier, baserade på just böcker, eller åtminstone från ett skrivet manus.

- De fria orden har sällan varit så viktiga som just nu då det fria ordet inte kan tas för givet i allt fler länder, även i länder som kallar sig demokratier.

I Sverige har vi de senaste decennierna eller t.o.m. århundradena nästan tagit för given rätten att uttrycka oss, att uttrycka vår åsikt och väldigt få personer har brytt sig om att värna om yttrandefriheten på riktigt. Redan år 1766 blev Sverige först i världen med att anta en lag som reglerade rätten till det fria ordet – Tryckfrihetsförordningen. Rätten för alla att publicera tankar, fakta och idéer i tryck och rätten för alla att ta del av myndigheternas och de styrande organens handlingar och trycka dem om man vill. Denna rättighet kallas för Offentlighetsprincipen och är än i dag rätt unik i världen och mycket viktig för demokratin. Vi kan idag skriva artiklar och insändare i tidningar, posta vad vi vill på egen hemsida eller i sociala medier. Nästan alla dokument som skrivs, eller kommer in till en myndighet, blir en "allmän handling". Det betyder att vi själva kan kräva att få se dessa handlingar, och om vi vill kan vi kopiera och lägga ut dem på internet. På det sättet kan vi skaffa oss information, delta i samhällsdebatten och vara med och påverka." (www.regeringen.se/pressmeddelanden/2023/05/unesco-utser-tryckfrihetsforordningen-till-varldsminne2)

Och just i år, år 2023, blev den svenska Tryckfrihetsordningen utsedd till ett världsminne av Unesco vilket betyder att dokumentet, eller innehållet, är av stort värde inte bara för oss svenskar utan för hela mänskligheten.

Men ger uttrycksfriheten oss rätt att bränna böcker, som till exempel ”heliga” böcker? En mycket stor fråga i dagens Sverige som de lärda tvistar om. Säkert är att aktionen att bränna böcker offentligt väcker starka känslor, och just därför används den aktion för att provocera människor. Visst känns det mer som censur än yttrandefrihet att bränna böcker? Vi får inte glömma att på 1800-talet skrev Heinrich Heine: ”Där man bränner böcker bränner man till slut även människor”.

- De fria orden har sällan varit så viktiga som just nu då det fria ordet inte kan tas för givet i allt fler länder, även i länder som kallar sig demokratier.
Orden är väldigt viktiga i det öppna samtalet, i det politiska samtalet, i det sociala samtalet, i barnuppfostran m.m. Generellt i all kommunikation mellan människor är just ord av en mycket stor betydelse.
Ord har nog alltid varit viktiga sedan människan började kommunicera med varandra genom att formulera ord.
Ord kan vara mycket praktiska, informativa, romantiska, överflödiga, mjuka, starka, hatiska, sockersöta, meningslösa, aggressiva, smickrande, fördömande, uppmuntrande…

– Varsågod, ta del av antologin ”Om rätten till ORDEN”, njut och begrunda.

Önneköp, oktober 2023
Helen Halldorsdottir
Ordförande Litteraturrundan
Initiativtagare, projektledare och redaktör till antologin
*Om rätten till ORDEN*

BJÖRN RANELID, den 29 juli i nådens år 2023.

När min själ är trött vilar den på äppelblommans kronblad. Jag är herden som vaktar ordet och de svarta bokstäverna ligger som lamm på en vit äng. Rovdjur lurar på byten och när som helst kan de sätta klor och tänder i de oskyldiga ungarna som betar på den vackra heden.

Ordet väger ingenting och det uppstår från döden när du läser det. Alla bokstäverna i ett alfabet är gengångare och det är ett mirakel. Världens längsta berättelse har inget slut och ingen vet när den började.



Orden är nomader och kameler och de klarar sig länge i öknen utan att dricka vatten. De har bestigit världens högsta berg och nått botten i det djupaste havet. Språket besökte månen i fantasin långt innan den första människan satte sina fötter där.

Framtiden vecklar långsamt ut sig från den första bokstaven och mellan styckena ser jag åldrande ljus från stjärnor som redan slocknat. Nu doppar jag min tumme i svärta och trycker den mot ett vitt papper. Därmed bildas en genetisk slinga och en del av mitt signalement. Jag är inte ensam om mitt modersmål, men väl om min stil.

I begynnelsen var ordet och ordet blev kött. Människan lärde sig att tala och skriva. Inga andra levande varelser på jorden behärskar den konsten och kan föra den vidare till kommande generationer.

Skönlitteraturen skänker människan kunskaper och erfarenheter som ingen vetenskap kan ersätta. Ordet färdas i dag med ljusets hastighet och det behöver inget visum eller pass.

Ingen kan sätta språket och ordet i fängelse. Det finns alltid hemliga ordlistor i människornas hjärtan och minnen som ingen övermakt, despot eller diktatur kan komma åt och förinta.

Ingen människa undkommer ordet. Det gäller för påven i Vatikanstaten, presidenten i Amerikas Förenta Stater och alla konungar och undersåtar. Tiggaren är kejsarens jämlike i allmänhetens bibliotek.

Det fria ordet är demokratins skattkammare och diktatorns skräck. När en bok bränns, avrättas också en människa som skriver den. Barn som reser mycket kan ha sina hem i böckerna. De ligger på rygg i klykan av stora bokstaven Y och betraktar himlen. De vuxna människorna hittar inte gömställena med mindre än att de finner barnet inom sig.



Människan kan ljuga, tjusa, bedåra, älska och hata i ordet och hon måste i alla samhällen och länder strida för rätten att använda det fritt, ty det är aldrig givet en gång för alla.

Det svenska språket är överordnat riksdagen, regeringen och kungahuset, ty i dessa instanser råder det talade och skrivna ordet överordnat i förhållande till lagtexter, omröstningar och meddelandet till folket i nationen.

Ingen har fått ett Nobelpris i tystnad. Mänskliga rättigheter är formulerade i ord och samlade i dokument. Det finns lagar som gäller i krig och bryter en nation eller annan makt mot dem, så kan de skyldiga ställas inför en internationell domstol.

Rätten till ordet borde alltid och överallt där människor lever och bor ha ett kärt syskon i skyldigheter. Det borde vara ett heligt bud i världen som lyder: Du skall inte hata, håna, kränka och förgöra din nästa i ordet.

Den lagen borde stå i en helig skrift som vore en jämlike med alla religiösa urkunder.

MARIA BIELKE VON SYDOW, bielkevonsydow@gmail.com

## Rätten till orden - Språket som maktfaktor

De första timmarna, de första dagarna, de första veckorna. Den första tiden av mitt liv finns inte dokumenterad.

Någon av dagarna när jag var ungefär ett par veckor gammal, ovisst exakt vilket datum, lades jag på trappan utanför Moder Theresas barnhem i Calcutta. När nunnorna som arbetade på barnhemmet såg mig fann de en medföljande papperslapp med siffror om ett ungefärlig födelsedatum som hade stoppats i filten jag var inlindad i. Där startar dokumentationen av mitt liv. Min vurm för ord, ljud och språkmelodi startade tidigt. Tidigare än dokumentationen av mitt liv.



I den ursprungsfamilj som jag troligtvis spenderade mina första veckor hos, en familj jag har noll kännedom om, pratades det med största sannolikhet ett språk. Det kan ha varit Bengali. Det kan ha varit något helt annat. Förmodligen var det inte samma språk som den hindi nunnorna talade på barnhemmet.

När det stod klart att jag var utvald att adopteras till Sverige togs jag från barnhemmet till ett tillfälligt hem där det talades engelska. Ett par månader bodde jag där innan jag flögs till den svenska jorden och landade i de svenska orden. Jag exponerades alltså för minst fyra språkmelodier under mitt första levnadsår.

En strävan och en vilja att förstå vad som sägs, att greppa innebörden av orden. Att ha rätt till orden och dess lekfullhet. Att fantisera om vad som sägs fastän man inte förstår. Att hitta nya vägar genom att vidga innebörden av ord som redan har en vedertagen betydelse. Att skapa helt nya ord, det har alltid varit en passion i mitt liv.

Under barndomens bilfärder satt jag som förtrollad och lyssnade på radions nyhetssändningar på serbokroatiska. Jag förstod inte ett ord men vad gjorde det. Själva tjusningen låg i språkmelodin och fraseringen. I vuxen ålder flyttade jag till Malmö och där brukade jag åka ut till Rosengårds Centrum, ta en fika och tjuvlyssna på samtal som jag tror hölls på arabiska och somaliska. Ett underbart nöje som man kanske behöver vara språknörd för att till fullo förstå njutningen i.



Med den bakgrunden är det kanske inte så märkligt att jag utvecklats till författare, estradpoet och kompositör.

Men jag förstod också snart att alfabet, ord och språk handlar om så mycket mer än att vara kommunikationsmedel. Det är ett maktmedel, ett sätt att visa vem som bestämmer, vem som har tolkningsrätten, vem som får säga vad och hur det ska uttalas.

I Indien blev engelskan det fina och officiella språket under kolonialtiden från 1700-talet fram till landets självständighet 1947. Om du som indier tillhörde en högt stående kast och behärskade engelska språket och dess medföljande manér kunde du sikta på högre utbildning och position i samhället och få ett visst gillande av den styrande makten. Vid självständigheten var det dags att återerövra makten och hindi blev landets officiella språk, för att markera att förtryckets tid var över. Kruxet är bara att hindi var norra Indiens språk enbart ett av cirka trettio språk som talades. Det som från början var en motreaktion mot övermakten blev i sig en ny övermakt. Historien upprepar sig.

Att ha fri tillgång till orden och språket borde vara en självklar födslorätt. Det är via orden vi formulerar våra tankar som sedan blir till handlingar. Är du begränsad i din frihet till orden blir du också begränsad i tanke och handling. Det märks väl när man samtalar med en person som drabbats av expressiv afasi, en hjärnskada i språkcentrum, ofta orsakad av stroke. Personen söker febrilt efter rätt ord, försöker uttrycka en känsla eller ett förlopp och ur munnen kommer enbart goddag yxskaft. Det är hjärtslitande och man inser hur mycket som tas ifrån oss om vi mister rätten till orden.



Och barndomens nyhetssändning på serbokroatiska var på sätt och vis också en maktfaktor framhärdad av Jugoslaviens dåvarande ledare Tito. Serbokroatiska är egentligen ett samlingsnamn för ett antal sydslaviska språk som exempelvis bosniska, serbiska, kroatiska och montenegrinska. Tito använde konstruktionen som en nationshelande faktor men i förlängningen fick det motsatt effekt. Idag räknas de som enskilda språk.

Min första tid i livet är inte dokumenterad. Framtiden är ett oskrivet blad. Jag tackar orden, språket och melodin för att jag får vara med i nutiden och lära och påverka. Jag gör det med största respekt och önskar alla i födelsedagspresent - rätten till orden.

AGNETA BERLINER, agneta@berliner.nu

## Unga röster spirar hopp, lagar världen

Ordet i din hand
Att såra
Att vilseleda
Eller läka
Älska
Uppmuntra

Makt att måla bilder av gemenskap
Bilder av hopp, framtidstro
Av förtroende och respekt
Bilder av verklig möjlighet till delaktighet
Och påverkan
Ljusa bilder

Ord som ger styrka att möta det nya
med självförtroende och nyfikenhet
Utan rädsla och fördomar

Makt att öppna nya världar
Få drömmar att flyga
Kreativitet att blomstra
Livslust att ta sats

Ord som inspirerar på vägen mot en gemensam dröm
Drömmar som förändrar världen
Drömmen om barnafrid, en värld där barnens skratt får sväva
Drömmen om en värld där kärleken är fri

Unga röster spirar hopp, lagar världen

Ord att bryta och byta åsikter med
Med passion
Utan aggression
Skapa förståelse
Skapa tilltro
Göra en synvända

Makt och ord som synar nyspråk och falska profeter
Krig är inte fred, frihet inte slaveri
Flykt undan förtryck och hunger är inte social turism
Ord som granskar källorna
Och motiven

Makt att konstruktivt problematisera
Nyansera
Ord som formar tänkbara lösningar

Ord som doftar frihet, smultron, asfalt och liljekonvalj
Och kanske lite kardemumma

Ord som andas havsbris och vågskvalp
Ord som skillrar av stjärnglans
I regnbågens alla färger

Vackra ord som förgätmigej och vetgirighet
Svalka och sinnesro och stillhet
Vänskap
Omtanke

Underskattade ord som snällhet och tacksamhet
Tillhörighet
Vänlighet
Eftertänksamhet
Ödmjukhet
Rättssäkerhet



Medmänsklighet

Ord som bildar
Utbildar
Fortbildar
Folkbildar
Kunskap, lärdom, insikt, klokhet

Ord ger kraft och lust
Stillar nyfikenhet
Väcker nyfikenhet
Längtan
Ord som tar oss med på äventyr

Ord är glädje
Förundran
Underhållning
Ord är allvar

Yttrandefrihet
Tryckfrihet
Grundlagsord för att säkra ett fritt meningsutbyte, en fri och allsidig upplysning och ett fritt konstnärligt skapande

Tankefrihet
Att tänka i egna banor
Tänka på tvärsen
Tänka tvärtom
Styrkan i att tänka om

Den fria tanken, det fria ordet
Språket som bärare av identitet, historia och kultur
Som bärare av framtiden
Ord som suddar ut gränser mellan människor
Att det som inte får allmänt gillande kan uttryckas fritt

Ordet i din hand
Att bruka med eftertanke
Omtänksamhet
Med viss försiktighet

Steg i mörkrets spår
De liv som släckts, förintats
Allt som inte blev
Så sol på minnets stenar
Unga röster spirar hopp

STINA LARSSON, författare till *Mannen ur skuggan*

## Sagan om den lilla flickan och mannen ur skuggan

”Hörru du du! Ska inte du gå och sätta dig i skuggan…?” sa den gamla mostern till den lilla flickan som satt mitt i det gassande solskenet och läste.

”Hörru du du!” var den gamla mosterns favorituttryck. Hon använde det varje gång hon kom och hälsade på, en sommarvecka om året. Orden brukade uttalas i en skarp men samtidigt skämtsam ton, oftast med en retorisk följdfråga: ”Ska inte du…?” Endast ett fåtal gånger avslutades meningen med ett beröm.



Den gamla mostern visste inte att den lilla flickan inte var vän med skuggan. På en skolresa hade en vacker solnedgång en gång lyst in på henne genom ett gammalt fönster och flickan hade blundat och njutit av stunden, när det hände.

”Titta vilken lång ful näsa hon har!” hade en av klasskamraterna plötsligt ropat och pekat på flickans skugga som avtecknat sig mot den vita putsade väggen bakom henne.

Och flickan som aldrig annars stod i centrum fick plötsligt all uppmärksamhet från klasskamraterna. I några sekunder ekade hånskratten, innan alla återgick till sina spel och lekar. Alla glömde händelsen, utom flickan och skuggan som gömde sig varje gång flickan vände sig om för att se sin långa fula näsa. Men hon kunde höra skuggan viska "Lång ful näsa!" bakom hennes rygg.

Flickan blev expert på att se andras skuggor. Hon kunde se att den gamla mostern hade en skugga som hon ärvt från sin mor och mormor. Den utdelade en rungande örfil från mormorn med orden:

"Du ska ha respekt för din mor! Våga aldrig mer säga du till mig!" Den örfilade dottern vågade aldrig sätta sig upp mot sin mor, men hon lovade sig själv att hennes barn minsann skulle få dua henne. Därför användes ordet flitigt av både henne och kommande släktled.



"Hörru du du", sa den gamla mostern en dag till den lilla flickan, "ska inte du ta och följa med mig till museet?"

Varje år brukade de ta en tur till museet i det gamla slottet i den stora staden. Flickan brukade studera fiskar, ormar och grodor i akvariet, medan mostern fördjupade sig i myntkabinettets skatter. Men den här gången styrde flickans ben alldeles av sig själva uppför de vindlande stentrapporna till de ekande tomma slottssalarna. Gamla kungar följde henne med tomma blickar från väggarna och stora ornamenterade träkistor hotade att öppna sig och släppa ut sitt okända innehåll. Men solen följde flickans väg genom salarna och allt förblev lugnt – tills hon kom till en sal med en undangömd nisch som låg i djup skugga. Mannen på porträttet som hängde där, målad i halvfigur, inte bara stirrade rakt på henne, han talade dessutom till henne.

”Högt ärade vackra fröken, vilken tid är det?”

Håret på den lilla flickans armar, ben och nacke reste sig först av skräck, men så snart orden nådde hennes amygdala blev hon arg.

”Det ser du väl, att jag varken är ärrad, vacker eller en fröken! Vad klockan är, kan du ta reda på själv!” Mannen på porträttet såg förvirrad ut.

”Jag ber ödmjukast om ursäkt, unga fröken… äh, frun… ? men Er ädla profil ger mig intryck av att Ni är vacker, och med detta menar jag både duglig och rådig, och därför dristade jag mig att vända mig till Er för att få veta om det fortfarande är anno 1677?”

Det mesta av det mannen sa var obegripligt för den lilla flickan, men så mycket förstod hon att han bad om förlåtelse. Hon trodde sig dessutom förstå vad det var han ville veta.



”Det är år 2023.”

Flickans svar såg ut att ge mannen lika mycket rysningar som hon själv precis fått, men i hans ögon tändes ett ljus och ett leende landade något ovant på hans läppar.

”Jag måste åstad och se denna nya värld! Här! Håll mitt harnesk medan jag klättrar ut härifrån”, sa mannen och började klättra ut ur tavlan. Den lilla flickan baxnade under tyngden av det han kallat harnesk, en skottsäker väst av plåt. Hon kunde se att den var väl använd.

”Är det fortfarande krig? Inte här? Då kan vi låta harnesket ligga.” Mannen från porträttet rättade till sitt långa nötbruna hår, drog åt sin vita halsduk och borstade av sin spetsprydda skjorta innan han sträckte in armen i tavlan och drog fram en värja och en bredbrättad hatt med en lång yvig fjäder. Beslutsamt tog han på sig hatten och fäste värjan vid sidan. Sedan sprang han ner för stentrapporna, ut på slottsgården. Hans klackar klapprade på bron över vallgraven, ut i gatan. Där blev han direkt påkörd av en ung man på elsparkcykel.

Båda föll omkull, men mannen på sparkcykeln kom snabbt på fötter igen.

”Tjenare mannen, du måste ta det försiktig i trafiken!” Den unge mannen på elsparkcykeln plockade upp fjäderhatten från asfalten, hjälpte mannen från porträttet upp och bort från rusningstrafiken, upp på trottoaren, där den lilla flickan andfått väntade, och tryckte slutligen fjäderhatten i ägarens famn. ”Gick det bra, bror?”

Mannen från porträttet ruskade på huvudet som om han försökte få alla nya ord att falla på plats i huvudet och forma nya ur sin egen mun.

”Jag … jag tror ni räddade mig, så ja, jag är er trogne tjänare så länge jag lever i någons minne … bror!”

Den unge mannen skrattade, kontrollerade att elsparkcykeln fortfarande fungerade, pekade på fjäderhatten och satte iväg med orden ”Fet hatt!” men det hörde inte mannen från porträttet eftersom han var fullt koncentrerad på att orientera sig.

”Det måste ha varit här som jag red fram i sporrsträck, här som jag försvarade staden mot fienden, men var finns vallarna, stadsporten, havet?” Mannen snurrade runt, försökte hitta något mer än slottet som han kände igen. ”Aha, den gamla väderkvarnen!” I samma stund som han pekade på slottsmöllan verkade ett minne överväldiga honom. Han mumlade ”Det var jag som lät dem bygga den just här, mot hennes vilja…”.

Den lilla flickan spanade mot möllan. Skuggorna framför den förvandlades inför hennes ögon. Blev till mannen med fjäderhatten och till en kvinna, inte helt olik flickans gamla moster, med rak rygg, armarna i kors framför sig och stark stämma.

”Det är min mark! Ingen får ta den, inte ens Herr Generalguvernör!”



”I kraft av mitt ämbete och den allvarliga krigssituationen tar jag vad riket och konungen behöver – Din gamla häxa!”, svarade mannen, vände på klacken och försvann.

Ekot av orden blev hängande i luften. Kvinnan stod kvar med rak rygg, men med mannens ord instuckna i den, som knivar. Ord som för evigt skulle finnas där. I kvinnan av rädsla, i mannen av samvete.

”Finns det häxor i den här tiden också?” frågade mannen plötsligt oroligt.

”Bara till påsk, då hänger vi upp dem i påskriset tillsammans med äggen.” Mannen gjorde stora ögon och flickan fortsatte. ”Och vi har troll också, fast bara på nätet …”

”Troll? I nätet?” Mannen från porträttet sprang ut i gatan igen, viftade med hatten och ropade upphetsat: ”Livet i den här tiden verkar spännande, både likt och olikt min egen tid! Jag måste få se mer av det!” Så lade han till ”En häst! En häst! Ett kungarike för en häst!” Och som genom ett trollslag dök det upp två ridande poliser.

”Jag tror att du ska få följa med oss till stationen,” sa den ena och plockade upp mannen från porträttet bakom sig i sadeln. Mannen tackade översvallande och de båda poliserna vände sina hästar mot stadens centrum.

”Men tavlan då?!” ropade den lilla flickan efter dem.

”Mitt konterfej? Min sköna mö, det är ingen som kommer att sakna mig där. Inte ens Ni som är så duglig och rådig skulle ha hittat till den undangömda nischen om jag inte kallat på Er.”



”Jag förstår”, svarade flickan, ”du vill inte tillbaka in i skuggan.”

”Skugga förutsätter en ljuskälla. Att befinna mig i skuggan av lysande stjärnor har aldrig varit ett problem, men att förvisas till en skuggtillvaro önskar jag ingen. Min enda önskan har alltid varit att leva vidare i folks minnen och ”berättelser”.

Så försvann mannen från porträttet i skritt tillsammans med poliserna. Hästarnas huvud vickade lugnt fram och tillbaka, en vacker solnedgång lyste på dem och den längsta och vackraste skugga som den lilla flickan någonsin sett kastades på slottsväggen. Som kronan på verket stack den yviga fjädern ut. Och när hon vände sig om kunde hon äntligen se sin egen långa skugga avtecknas. Även den var vacker.

Den lilla flickan återvände till museet i djupa tankar. Gick upp i slottssalarna och satte tillbaka harnesket i tavlan, sedan letade hon rätt på sin gamla moster i myntkabinettet.

”Vet du vad, moster? När vi kommer hem ska jag sätta mig i skuggan och skriva en bok.”

”Hörru du du! Det låter som en bra idé.”

Ja, tänkte den lilla flickan, det var en bra idé. Hon skulle skriva om mannen som stigit ur porträttet och tagit både sig själv och henne ur skuggan – och han skulle leva vidare. En vacker bok skulle det bli, en riktigt fet bok.

BIRK ANDERSSON, birk.m.andersson@gmail.com

## 2050

Gång på gång händer det. Ibland satiriskt. Ofta allvarligt. Ibland spontant. Från någon författare, debattör eller självutnämnd influerare. En sociala medie-vän, kollega eller släkting.

Varningar om att våra friheter tas ifrån oss. Att våra rättigheter byts ut mot förtryck. Varningar om ett samhälle där orden har fått nya betydelser. Där orden betyder motsatsen men stavas likadant.



Varningar att vi alltmer lever i en värld där lögner är alternativa fakta. Där anfallskrig är försvar. Där tortyr är förstärkta förhörsmetoder. Där propaganda är kommunikation. Där journalister är folkfiender.

Vi blir varnade om att vi tar snabba steg mot ett framtida dystopiskt odemokratiskt samhälle. Att vi i flera fall redan är där. Att vi befinner oss i George Orwells *1984*.

...

I en bok från 2019 läser jag att det fanns 16 stora gränsstängsel i världen när Berlinmuren revs och att det idag finns 65. Jag läser i en artikel att bara 13 % av jordens befolkning bor i fullvärdiga demokratier. Jag lyssnar på ett podcast-avsnitt från 2022 om att Storbritannien, efter Brexit, Covid 19-pandemin, flera regeringskriser samt mat- och energikris befinner sig i en konstant perma-kris. I en annan podd redogörs för att fredliga/icke-våldsuppror och revolutioner mot diktaturer misslyckas i allt högre grad.

Jag läser att en krönikör jämför tvåminutershatet och hatveckan i *1984* med dreven i sociala medier. Jag läser Dave Eggers roman *The Circle* från 2013 om ett samhälle där det inte behövs någon statlig övervakning eftersom vi är indoktrinerade att själva filma och dela precis allt vi ser och gör, via ett Google-liknande företag.

...



Efter alla texter. Meningar. Ord. Till slut började även jag. Till slut blev jag en av alla dem. Som varnade. Som larmade om en samhällsutveckling mot diktatur. Ofta i en text. Ibland i en dikt. Ofta privat. Ibland via en förening. Ofta på sociala medier. Ibland i ett samtal.

...

Jag delade med mig fakta om att demokratin är på tillbakagång runt om i världen. Att Turkiet och Ungern inte längre räknas som demokratier. Att Polen kanske bara är några år bort.

Oron i min röst kunde inte misstas på. På liknande sätt gick det inte att missta ilskan och bestämdheten i min morbrors röst. Han började också varna. Efter att ha levt halva sitt liv i den kommunistiska diktaturen tänkte jag att han skulle vara villig att varna och inte bara med fakta utan framför allt med egna erfarenheter från ett sämre förflutet.

Men, under den släktmiddagen, hade han inte samma varningar som jag. Hans varningar handlade om att det var andra saker som hotar oss. Annat som vi måste bekämpa. Klimat-ideologin. Hbtq-ideologin. Veganism. Islam. Han fortsatte med att ukrainska och polska soldater tillsammans borde sparka ut ryssen men just när jag tänkte säga att jag delvis höll med så fortsatte han med att militären sedan borde invadera Belarus och bilda ett Storpolen som på 1500-talet.

...

Kanske kommer vargen ibland när du varnar för den. Kanske är det framför allt de som känner till historien som upprepar den. Kanske är det lättare att titta bakåt än att se sig omkring. Kanske är det även lättare att titta framåt.



...

När jag kom tillbaka till Malmö efter tågluffen i Central- och Östeuropa visste jag inte vad jag skulle känna. Det snurrade i skallen. Jag hade blivit varnad. Jag hade läst om verkligheten. Men inte sett den.

Jag har inte växt upp med de mediaprofiler som sparkats av polska regeringen för att de inte var tillräckligt patriotiska. Från tågfönstret såg jag inte någon av de över hundra skyltarna för de hbtq-fria zonerna som finns runt om i Polen. I städernas centra såg jag inte några spädbarn lämnas bort i någon av de hundratals installerade bebisluckor som har byggts runt om i Polen efter de nya abortlagarna.

Jag var för fokuserad på att kolla tidtabeller, boka boenden, hitta veganmat, köpa kylskåpsmagneter och kolla på slott. Kanske är det likadant hemma.

...

Jag läser om bibliotekschefer, kommunchefer och lärare som säger upp sig i protest mot politisk styrning. Utan att jag höjer på ögonbrynen. Sen lönearbetar jag några timmar till. Jag läser om att det är allt färre medlemmar i politiska partier. Utan att jag suckar. Sen cyklar jag till gymmet. Jag läser om att svenska poliser gripit svenska journalister som bevakar klimatdemonstrationer i Stockholm. Utan att rynka ögonbrynen. Sen köper jag mat till kvällens middag. Jag läser om att allt fler svenskar är öppna för andra styrelseformer än demokrati. Sen blir jag trött och tittar på en tv-serie. Och sörjer det samhället jag lever i.



Jag vattnar tomaterna på balkongen för att sedan handla 25 plastinpackade varor på ICA från länder med ännu sämre demokrati än här. Jag ägnar mer tid i veckan åt sociala medier än åt föreningsarbete. Och när jag varnar så är det bara uppgivna rop på hjälp som drunknar i ett hav av starkare röster och algoritmer med korta klipp av mer underhållande innehåll.

Mina varningar har inte någon chans mot andras danser, volter, olyckor, träningsövningar, odlingstips, matlagningar eller reaktioner på andras prestationer.

Kanske är varningarna om 1984 och stegen mot diktatur lätta att ignorera när vi trots allt är fria att titta på klipp från hela välden. När vi aldrig har haft mer frihet att kommentera andras kommentarer med allt från lovord till förolämpningar. När vi aldrig har haft fler emojis. När vi inte på flera decennier haft större möjlighet att överlåta styrningen av samhället till företagen, lobbyister, finansbranschen och yrkespolitikerna.

...

Men kanske är det just därför som vi inte är fria. Kanske är det därför som lever vi i en dystopi. Men inte 1984.

Redan året efter, 1985, konstaterade den amerikanske journalisten och författaren Neil Postman att samhället snarare alltmer kännetecknades av Aldous Huxleys Du sköna nya värld.



Postman skriver att Orwell fruktade att vi skulle berövas på information men Huxley fruktade att vi skulle få så mycket information att vi skulle reduceras till passivitet och egoism. Orwell fruktade att böcker skulle förbjudas men att Huxley fruktade att det inte skulle finnas anledningar att förbjuda böcker för ingen skulle vilja läsa dem. Orwell fruktade att sanningen skulle döljas för oss men Huxley fruktade att sanningen skulle drunkna i ett hav av irrelevans.

Postmans bok heter *Underhållning till döds* och i den skriver han att det inte går att bekämpa en fiende som inte kan upptäckas. En fiende som inte efterlämnar sig offer som skriker eller gråter utan som i stället skrattar. En ideologi som inte har en upphovsperson, flagga eller slogan. En ideologi som inte finns.

...

Jag lånar Du sköna nya värld och läser om ett samhälle där alla är lyckliga om man med lycka avser brist på oro, missnöje och förändringsvilja. Jag tänker att vi är så underhållna att vi inte orkar gå ut och protestera. Varför demonstrera när vi kan ligga i soffan och titta på en till serie. Ett till klipp. Skicka en till like. För att få en till like tillbaka.
Jag blir alltmer tom. Alla dessa dystopier. Alla dessa analyser. Alla dessa texter. Alla varningar. Som har mer eller mindre rätt. Men som inte lyckas förhindra något.

Förutom *1984*.

Trots stormning av Capitolium, dagliga masskjutningar och en ökad polarisering befinner sig inte USA i det totalitära samhälle Orwell beskrev. Många européer befinner sig ännu inte i Orwells dystopi som han

först ville döpa till *The Last Man in Europe*. Trots alla nya definitioner och användningar av ord skapade av marknadsförare och lobbyister så håller inte hela vårt språk på att bytas ut från förrspråk till nyspråk såsom Orwell förespådde.

...

Kanske hade Orwells samhälle blivit verkligt år 1984 om vi inte hade läst om det. Kanske är en dystopis huvuduppgift inte att förutspå framtiden utan att se till att den inte slår in. Och kanske är det därför alla varnarna fortsätter. För att det trots allt finns en chans.

Trots alla klipp. Trots tio tusen fler likes på en kattvideo. Trots tio tusentals fler i publiken på fotbollsmatchen samma dag som en demokratidemonstration. Trots miljontals fler tittare på ett Tv-program en helgkväll än en poesiuppläsning.

Trots allt måste vi varna. Och jag kommer varna.

Jag kommer varna för en krisartad samtid med en kombination av eskalerande klimatförändringar, massutrotning av jordens arter och demokratiunderskott. Jag kommer varna för att vi lever i en ny värld som är allt annat än skön där vi blir underhållna till döds.

Jag kommer varna för en framtid med fler influerare än medborgare. En framtid utan redigering och eftertanke. En framtid med endast sensation, spontanitet och underhållning. En framtid utan skrivna ord. En framtid där ord är överflödiga. En framtid som inte har en framtid. Jag kommer varna för 2050.



...

Orwell skrev att syftet med nyspråk är att begränsa tankar... Till slut har vi gjort tankebrott bokstavligen omöjliga eftersom det inte längre finns några ord att uttrycka dem med. Enligt Orwell så ska nyspråk ersätta förrspråk år 2050.

Så sörj inte. Varna. Trots allt.

ANDREA KONTROS, andreakontros@gmail.com

## Alla människor har rätt till orden

Vi människor är biologiska varelser likt alla andra biologiska varelser har vi utvecklats på jorden under årmiljoner. Våra biologiskt betingade genetiska skillnader sätter grunden för våra olikheter både utseendemässigt och egenskapsmässigt.

De högt stående biologiska varelserna, såsom däggdjuren, dit även vi människor tillhör, har utvecklat tankar och känslor för att ännu bättre kunna anpassa sig till sin omgivning. Hos oss människor har dessa förmågor utvecklats avsevärt och till den grad att vi kan sätta oss in i andra människors och andra biologiska varelsers situation och förstå dessa. Förmågan att förstå andra kännande individers känslor kallas empati. Denna egenskap har i synnerhet hjälpt mänskligheten att utvecklas till den nivå vi befinner oss i nu, då vi människor har hjälpt varandra och bildat sociala grupperingar och senare samhällen som skydd.



Vi människor har successivt utvecklat vår tankeverksamhet och till följd av det även våra språk. Vi har utvecklat vårt språk för att kunna förklara saker för varandra, även vad vi tänker och hur vi känner. Språket och språkbruket speglar även människans tankar och känslor. Därför är språket, och orden, guld värda. Vi kan uttrycka oss via orden. Vi kan förklara saker för varandra. Med hjälp av orden kan vi uttrycka vad vi vill, vad vi behöver, vad vi känner och vad vi tycker och tänker. Vi kan få uttryck för vårt jag via orden.

Den grekiska filosofen Sokrates sa: "Prata så jag ser dig". Det är via orden en människas sanna jag kommer fram. Utseendet är bara vår yta medan orden förmedlar den vi är. Därför är allas ord viktiga och alla har rätt till att förmedla sin verklighet och det denne tycker.

Redan från vår födsel tillhör vi en viss social grupp som delar vissa värderingar. Därtill kommer att vi på grund av olika erfarenheter i livet, såsom familjeförhållanden, vår ställning på och förhållandena på våra arbetsplatser, umgänge med vänner och så vidare får skilda uppfattningar om livet. På grund av allt detta kommer vi även att få olika sociala tillhörigheter och ekonomiska resurser. Allt detta sätter en grund för den vi är och för hur vi uppfattar världen.



Ordet demokrati kommer från grekiskan och betyder folkets makt. I en demokrati har alla en röst och allas röster är lika mycket värda. I en demokrati får alla uttrycka sin mening. Det är viktigt att vi värnar om vår riktiga demokrati, den som varit så självklar i Sverige sedan slutet av andra världskriget.

Det är viktigt att allas röster hörsammas i samhället. Ofta är det vissa välställda grupper i samhället som blir tongivande och försäkrar sig själv om både ekonomisk och social makt och framgång. Vi behöver ge plats för och hörsamma även grupper som marginaliseras i samhället såsom sjuka, svaga, pensionärer, människor med utländsk bakgrund, ensamstående föräldrar med flera.

Att inte få uttrycka i ord vad man tänker och känner medför att människor mår mentalt dåligt. Att alltid behöva svälja orättvisor, marginalisering, mobbning och härskartekniker utan att ens få prata öppet om det medför risk för psykisk ohälsa. Och detta fenomen har uppenbarligen ökat markant i Sverige och krupit långt ner i åldrarna det senaste årtiondet.

Alla har rätt att verbalt eller skriftligt dela med sig av sina uppfattningar så länge det sker i en saklig och hänsynsfull ton.

Vi ska vara rädda om orden, värdera dem högt och ge alla rätten och möjligheten till orden. Alla människor är olika men alla har lika rätt till orden.

CHRISTINA KARLSSON, www.christinakarlsson.se

## Det fria ordet - är aldrig fritt

Vem har rätten till orden? Vem har friheten att yttra sin åsikt? Vem har friheten att våga säga det osagda genom att klä den obekväma sanningen i ord?

demokratiska
värderingar tillåter
yttrandefrihet



Ord kan beskrivas som ett självständigt språkligt element. Ord kan beskrivas som en betydelsebärande ljud- eller teckenkombination som uttalas och skrivs i ett sammanhang. Språk är ett mänskligt system för kommunikation, för känslouttryck och för konstnärliga uttryck. Orden och språket är vårt sätt att interagera med varandra.

Men vad är det som avgör vem vi väljer att lyssna på?

se visuella
representationer
och reagera

demokratiska
värderingar tillåter
yttrandefrihet?

Hur ofta lyssnar vi på den lilla rösten? Hur ofta ges den lilla rösten utrymme att uttrycka sig i det offentliga rummet? Rösten som är oförställd, talar sanning och har något att säga? Lyssnar vi på rösten som är bildad och grundar sina åsikter på forskningsbaserade och relevanta underlag av fakta? Det sägs att kunskapens kraft är makt, men vem är det vi gillar och ger våra likes?

Hur ofta lyssnar vi på sponsrade eller köpta röster som tillfälligt adopterat ett koncept? Väljer vi att lyssna på det som är äkta, på det som matar våra egon eller faller vi in i den stora massans dekadens?

goda idéer
tenderar bli vår nästa
framtidsdystopi



blomsterpalett av
politiska idéer
spel för galleri

Hur vet vi att eliten som bestämmer vilka böcker som ska läsas och vilka konstverk som ska ses har valts med rätt omsorg? Vem har rätt att synas, vem har rätt att föräras utrymme i alla bokhyllor som räknas?

Vem är det som väljer vad som ska läsas, hur var och när? Vem är det som sorterar och organiserar vilka tänkare, författare och konstnärer som får ta plats i det offentliga rummet? Vem är det som sorterar och organiserar vilka politiska och religiösa idéer som får ta plats i det offentliga rummet?

Ord kan förena, bygga broar av gemenskap eller skapa avgrunder av avstånd.

Vem vågar välja sida? Och vad händer när man inte väljer sida? Tystnad är som att acceptera att majoriteten styr? Tystnad är att inte vilja välja, inte våga, inte lägga sig i eller bara stå utanför och vända bort blicken eller titta på, under tystnad.

Vem har modet att välja sida och stå upp för sin åsikt när den obekväma sanningen har ett högt pris?

Vem tar ansvar för alla ord som yttras? Vem vågar stå upp för yttrandefriheten i ett splittrat och segregerat samhälle?



Rätten till Orden
Strid! Fyller våra väskor
Med kärlek och frid

Vems ord är det vi väljer att höra? Väljer vi att dricka ur kunskapens källa eller väljer vi att stämma in i kören av flest likes?

Hur vet vi när vi har fastnat i en AI-genererad filterbubbla? Hur vet vi när träffarna vi får bara matar våra rädslor? Hur vet vi att orden vi tar del av enbart konstruerats för att skapa innehåll och contents till en vinstdrivande beställare?

Vem vågar kämpa för jorden vi ärvde, för klimatet, naturen och framtidens generation? Vem är det som avgör hur, när och på vem vi ska lyssna?

Vem vågar stanna upp, lyssna och be om ordet. Yttrandefriheten. Vad innebär yttrandefriheten? Vilka är det som blir hörda och får flest röster och likes?

Väljer vi att dricka ur kunskapens källa eller stämmer vi in i kören som alla gillar?

med kärlek och frid
strid! fyller våra väskor
med rätten till Orden

Det fria Ordet är aldrig fritt

- med ordets kraft följer ett ansvar.

KATARINA FRANKEL, ninna.frankel@gmail.com

Våra åsikter möts
När alla får bruka orden
Varje åsikt räknas
När alla har rätt till yttrandefrihet

Alla borde ha rätt till livet
På jorden i Rymden
Rymden Stor människan liten
Liten på jorden men stor i orden
Med behov av makt
När alla får självklar rätt att bruka orden

Vi har makt att välja
De krafter som bygger upp
Rätten till det skrivna Ordet
Eller de krafter som river ner
Yttrandefriheten
Valet gör vi
Just nu

Jag gör mitt bästa
För mänsklighetens mångfald
Du gör Ditt bästa
För mänsklighetens mångfald
Vad mer kan vi göra?
För det fria ordets rättighet
Och den enskilda människans
upprättelse?

GÖRAN BLOHM, goran.blohm@litteraturrundan.se

## Min nya vän, Mikaela

Antologiprojektet som jag anmält mig till måste slutföras under dagen. Redaktören ligger på och vill ha in min dikt. Jag har fått två uppskov redan och det känns som om jag är på väg att förlora min plats.

Men hur ska jag hitta de rätta orden, saknar inspiration och huvudet är tomt på uppslag. Det känns som om gårdagens fest slog ut alla mina hjärnceller.



Jag sätter mig framför datorn och trycker på start. Bildskärmen tänds upp och en vacker kvinna framträder. Hon är en kopia av min fru Birgitta i unga år. Jag har döpt henne, hon på bildskärmen, till Mikaela efter min svensklärarinna.

– Gomorron, Göran, säger hon med en ljuvlig mjuk röst misstänkt lik Birgittas röst.

– Gomorron, Mikaela, svarar jag.

– Behöver du min hjälp? frågar hon inbjudande.

– Ja, tack. Det är sista dagen för inlämnande av antologitexten som ska handla om rätten till de fria orden, svarar jag.

– Hur kan jag hjälpa dig? frågar hon.

– Jag behöver en dikt som värnar om de fria orden men den ska även innehålla några rader som handlar om rätten att begränsa de fria orden, säger jag och uttalar varje stavelse tydligt.

– Hur omfångsrik ska texten vara? frågar hon.

– Mellan 1000 – 1200 tecken inklusive blanksteg. Vill du även markera överskriften och de efterfrågade orden? svarar jag.



– Jag tar hand om detta. Nu kommer mitt förslag, säger hon. Det går några sekunder sedan rullar orden fram och dikten blir synlig.

Värna de fria orden.

De fria orden är en röst för de stumma, en flamma av sanning som aldrig kan släckas. De är kraften att kämpa mot orättvisor, och en fröjd för dem som söker kunskap och visdom.
De fria orden är inte en gåva som kan tas för given, utan en rättighet som måste försvaras med tapperhet. De är en brygga mellan olika kulturer och tänkesätt och en väg till försoning och fred i en delad värld.
Låt oss alltid hedra de fria orden, och hålla dess låga brinnande stark. För när vi lyssnar på varandras röster, kan vi skapa en värld som är fri och rättvis för alla.
Att begränsa de fria orden är som att kväva en sångfågel som

sjunger sin sång så vacker men som hindras från att höja sin röst.
Vi måste låta orden flyga fritt och låta åsikter få uttryckas, för i
diskussioner och debatter kan sanningen och insikten väckas.
Men var försiktig med vad du säger och tänk efter innan du talar,
för ord kan såra och skada och splittra samhället i två läger.
Så kämpa för de fria orden men var också ansvarsfull i dess bruk,
för bara genom att respektera varandra kan vi bygga en bättre
framtid och lycka.

Slut – 28 sekunder står det längs ned i högra hörnet av dokumentet.

– Är du nöjd med texten? Det tog mig 28 sekunder att genomföra uppdraget. Är du nöjd? frågar Mikaela men denna gång med en uppmanande röst.



– 28 sekunder. Otroligt. Jag är nöjd men jag måste göra några små egna ändringar så att min personlighet framträder så ingen kan tro att det är du som skrivit texten. Tack, svarar jag.

– Tack själv. Om du behöver mig mer så vet du var jag finns, säger hon och visar tummen upp. Så går datorn ner i standbyläge.

Jag gör mina små korrigeringar i texten. Skickar in den till redaktionen. Efter någon timme får jag beskedet att texten är antagen och kommer att publiceras.

Nu till sanningens ögonblick och frågeställningen om Rätten till de fria orden. Är det rätt att alltid hävda rätten till de fria orden eller måste rätten till de fria orden begränsas?

Svaret har alltid varit givet att de fria orden måste försvaras.

Plötsligt och överraskande dyker AI, Artificiell Intelligens, upp. I mitt fall är det en Chatrobot som inte bara kan skriva intelligenta texter utan en som jag kan prata med och som ger intelligenta svar i retur. En robot som kan fatta egna beslut. En robot som jag laddat ner i en gratisversion. Det känns utmanande att be roboten analysera och göra kommentarer till texter som någon annan skrivit. Det känns ännu mer utmanande att ge roboten tillgång till någons mejlregister och skicka ut övertygande men falska recensioner av mina texter, och se vilken effekt det kan ha på min popularitet.

Om jag ger Mikaela korrekta direktiv kan hon nog genomföra ganska avancerade uppdrag för att sedan själv lära sig att formulera nya egna direktiv och skicka iväg nya övertygande texter okontrollerat.

Svaret på frågan om de fria orden måste försvaras eller inte, har jag tidigare alltid svarat ja på. Men idag har mitt svar ändrat karaktär och svaret ja är inte längre givet. Svaret kan bli att texter som en robot skrivit inte kan försvaras utan måste censureras. Vill vi detta?

Nästa ställningstagande måste vara; hur hanterar vi framtida texter där en robot skrivit ett grundmanus och där författaren gjort sin egna små personliga förändringar för att försöka dölja robotens inblandning? Hur ska vi hantera dessa texter?

Ärliga skribenter finns men hur kan vi skilja dessa ifrån de oseriösa? Den avgörande fråga som dyker upp i sinnet påminner om titeln till Mikael Wiehes text – Vem kan man lita på?

LISA FRANSSON, https://lisafransson.com

## Det fria ordets beteendemönster

Det fria ordet är en unik livsform som använder människan som värddjur, fast snarare än att vara en parasit som hämtar sin näring ur människan lever Det fria ordet och människan i symbios: Människan använder sin kraft för att ge Det fria ordet ett uttryck och i gengäld ger Det fria ordet människan ett socialt sammanhang i form av meningsfulla utbyten människor emellan.



Det fria ordet kan metamorfosera till flera olika former, som ljud, text, tecken eller beröring. Även bild kan tolkas som en av Det fria ordets former. Vad som verkligen är fascinerande är att varje specimen ur Det fria ordet kan existera i alla dessa former samtidigt och dessutom skifta obehindrat från den ena formen till den andra, en faktor som är ogreppbar för det begränsade mänskliga förståndet.

Det bör nämnas att Det fria ordet inte har någon kontroll över vilken form den tar, utan detta bestäms helt och hållet av människan. Människan i sin tur, som otaliga studier har visat, är känslostyrd och dess reaktioner är fullkomligt avhängiga av interaktioner från människa till människa. En del människor förespråkar positiva känslor och andra negativa, men alla människor, så vitt vi vet, upplever en kombination av båda. Vad som är intressant är att det inte har gått att utröna några som helst preferenser hos Det fria ordet för varken den ena eller den andra människotypen. Alltså kan vi dra slutsatsen att Det fria ordet frodas i alla typer av människor oavsett positiv eller negativ känslomässig inriktning.

Det är allmänt känt att Det fria ordet oftast rör sig i flock, men vissa specimena trivs bäst i sitt eget sällskap. Som exempel kan ges så kallade "skällsord" ("fan", "helvete", "jävlar" etc.) och utrop vid förvåning eller smärta ("oj", "aj", "hoppsan" etc.) samt hälsningsord ("hej", "tjena", "goddag" etc.). En del specimena har grupperat sig i specifika formationer. Dessa formationer uttrycker ofta en ståndpunkt, som till exempel så kallade slagord: "Alla som flyr, oavsett vem: välkommen hit - välkommen hem!", eller ordspråk: "Alla katter är grå i mörkret." eller i beskrivningar som har uttryckts så ofta att de går under benämningen klichéer, till exempel "en mörk främling."

Som flockdjur är Det fria ordet synnerligen gränslöst i vilka kombinationer och uttryck det kan ta. Otaliga människor har vigt sina liv åt att försöka tämja Det fria ordet. Några exempel på sådana är jurister, akademiker, alla typer av mediaaktörer, översättare, politiker, filosofer alla typer av rapportskrivare och föreläsare, författare, filosofer, präster, programmerare och så vidare. Forskning har dock utrönt att ju mer sådana personer arbetar med att tämja Det fria ordet desto mer formas de själva av arbetet och når på så vis fram till livsavgörande åsikter och övertygelser som sedan har visat sig vara svåra att rubba.

Det är värt att nämna här att, så vitt vi vet, finns det enbart en typ av människa som har nått full insikt i den symbios som pågår inom dem och som istället för att försöka tämja Det fria ordet syftar att öppna sig för det och låta det röra sig fritt inom dem. Denna typ av människa ser Det fria ordet som ett slags ”guds ingivelse”, eller så kallad ”inspiration”. Trots att sådana människor ofta föredrar sitt eget sällskap brukar de grupperas under benämningen ”poeter”.

Det fria ordet förökar sig genom samtal. Samtalen kan vara intima, upprörda, ärliga, obekväma, tröttsamma, och så vidare, och så vidare. Kort fattat tycks tonen i samtalen vara oviktig, det viktiga är att samtalen äger rum. Observationer utförda i människans naturliga miljöer visar att ju friare spel samtalet får desto mer berikad blir människans upplevelse av symbiosen med Det fria ordet, detta som ett direkt resultat av Det fria ordets möjlighet att obehindrat kunna följa sina naturliga migrationsmönster från människa till människa.



Inom vissa grupperingar, som genom historien alla har haft det gemensamt att de definierats av artificiella gränsdragningar (exempelvis, men ej begränsat till, religiösa, geografiska, politiska, ras- och könstillhörighet), har Det fria ordet förbjudits. Som vi kan uttyda av Det fria ordets beteendemönster och dess symbios med människan är detta inte en helt enkel sak att genomdriva. Det enda sättet man kan komma åt Det fria ordet på är via människan och detta genom att ge den tydliga regler om vilka uttrycksformer som är tillåtna. En effektiv metod har visat sig vara att formulera ett konsekvent meddelande som upprepas om och om igen i alla kommunikationskanaler. Denna synkronisering av Det fria ordet kallas ”propaganda”. Som tidigare nämndes formas människan av hur den använder sig av Det fria ordet och genom propaganda formas så småningom en övertygelse hos människan om att förbudet mot Det fria ordet är helt och hållet korrekt.

Dock finns det de som inte låter sig övertygas av propaganda, det vill säga så kallade ”dissidenter”. För att sådana grupperingar där Det fria ordet har förbjudits ska kunna fortsätta att existera, måste dessa dissidenter utrotas och på så vis förhindra att Det fria ordet får chans att föröka sig igen genom öppna samtal. Denna utrotning av oönskade specimena har ett dubbelt syfte: Förutom att utrota dissidenterna sprids även en rädsla bland de människor som alltjämt tvivlar på propagandans korrekthet men som inte har modet att resa sig upp och offra sina egna liv till försvar för Det fria ordet.

Ett annat alternativ för de människor som lever i grupperingar där ett förbud mot Det fria ordet har förkunnats är att fly bortom de artificiella gränsdragningarna. Detta kräver stort mod eftersom de flyende inte enbart riskerar sina liv i samband med flykten, utan även eftersom de lämnar allt bakom sig, sina hem, sin familj, sina vänner, sitt språk och det med vissheten om att de förmodligen aldrig kommer att kunna återvända och att de människor de lämnar bakom sig lever under ett genuint livshot. Analyser av motiveringar till flykten som har samlats in från sådana flyende människor leder alltid, utan undantag, tillbaka till ett förbud mot Det fria ordet, även om dessa analyser vid första anblick tar sig yttringar som till exempel krig, förtryck, tortyr.



Resultatet av omfattande studier visar att sådana slutna förhållanden gynnar varken människans eller Det fria ordets tillvaro.

Det fria ordet kan ännu inte sägas vara utrotningshotat, men alla tecken tyder på att det är ditåt vi är på väg om den nuvarande trenden får lov att fortsätta obehindrat. I nuläget är antalet rapporter om försök till begränsningar och till och med nedtystande av Det fria ordet som kommer in jämförbart med antalet rapporter som kom in under det plötsliga uppsvinget i begränsningar av Det fria ordet under det sena 1930-talet. Nu som då bör beaktas att majoriteten av sådana rapporter inte rör förtryck inom geografiskt avlägsna diktatoriska maktstrukturer, utan de kommer från lokala instanser. En högst oroväckande situation som bör belysas. Därför vill vi råda varje enskild individ att ta alla möjligheter att värna om Det fria ordet. Både genom att gå med i organisationer som har påtagit sig uppgiften att skydda Det fria ordet, men även att på ett personligt plan vårda det, att ge det ett uttryck, att tala öppet med varandra och att inte låta rädslan få övertaget inför sådant som vid första åsyn verkar främmande.

IDA ANDERSSON, ida.andersson1956@gmail.com

## Insikt - Avsikt - Åsikt

Bokens titel för genast mina tankar till vår yttrandefrihet här i vårt demokratiska Sverige.

Vi har ett antal grundlagar och förordningar som ger oss rättigheter att uttrycka våra åsikter i tal och skrift offentligt och utan censur, i radio, i tv och på webben, men med den rättigheten följer också skyldigheter. Ansvar och rena förbud mot yttranden som riktar sig direkt mot personer. Mer om dessa rättigheter och skyldigheter står att läsa i yttrandefrihetsgrundlagen, som för övrigt har vuxit i takt med att nya medier har utvecklats.



Detta ansvar ignoreras tyvärr av alltför många. Protesterar du mot en oförrätt blir du hånad och kallad lättkränkt. Jag frågar, var går gränsen och vem avgör när gränsen är nådd?

Hur tungt väger inte orden än idag, som Martin Luther King Jr. sade i sitt frihetstal för hela sextio år sedan?

> ”Jag har en dröm, att nationen en vacker dag skall resa sig och leva ut den sanna innebörden av sin troslära./…/ Jag har en dröm, att mina fyra små barn en dag skall leva i en nation där de inte blir

dömda efter sin hudfärg, utan efter sina karaktärer. /…/ Jag har en dröm, idag”

Året efter, 1964, tog han emot Nobels fredspris i Oslo.

Även vår dåvarande statsminister, Olof Palme, höll ett minnesvärt tal vars ord väger lika tunga idag som då, 1965.

”Avgörande för om samhällets åtgärder skall få avsedd verkan är emellertid de enskilda människornas attityder till invandrarna. Demokratin är fast förankrad här i landet. Vi respekterar de grundläggande fri- och rättigheterna. /…/ Vi betraktar oss gärna som fördomsfria och toleranta. Men så enkelt är det ändå inte.



Fördomen behöver inte förankras i någon vederstygglig teori. Den har ett mycket enklare ursprung. Fördomen har alltid sin rot i vardagslivet. Den gror på arbetsplatsen och i grannkvarteret. Den är ett utlopp för egna misslyckanden och besvikelser. Den är framför allt ett uttryck för okunnighet och rädsla. Okunnighet om andra människors särart, rädsla att förlora en position, ett socialt privilegium, en förhandsrätt. En människas hudfärg, ras, språk och födelseort har ju ingenting med mänskliga kvaliteter att göra. Att gradera människor med sådan måttstock står i bjärt kontrast till principen om människors lika värde. Men den är skamligt enkel att ta till, för den som känner sig underlägsen – på arbetsplatsen, i sällskapslivet, i konkurrensen om flickan eller pojken. Därför ligger fördomarna alltid på lur, även i ett upplyst samhälle. De kan blossa ut i ett stickord, en obetänksam replik, en nedrighet i det lilla. Kanske menar den som handlar inte så illa. Men för den som träffas kan det riva upp sår som aldrig läks.”

Mina tankar går osökt till mobbningen i våra skolor som ju är ett stort problem och som väl alltid har funnits, men som hanteras väldigt olika i olika skolor trots en enhetlig lagstiftning i fråga om kränkning inom skolans verksamhet. Oavsett åratal av diskussioner och försök att mota problemet finns det i hög grad fortfarande kvar, till förtret för alla drabbade. Varför är det fortfarande så? Är samhällets insatser för svaga och behöver stärkas? Nuvarande inställning gör det möjligt för den mobbade att byta skola, men det borde kanske vara så att det är mobbaren själv som ska flytta på sig, i de fall där ingenting annat hjälper.

Det sagda ordet kanske går att bortförklara, men det skrivna ordet, som nuförtiden så enkelt förmedlas vi våra mediekanaler, det står där, som hugget i sten, det finns där för evigt och för alla att se.



Idag har rektorer möjlighet att omplacera elever upp till fyra veckor mellan våra skolenheter. Tyvärr utnyttjas inte denna möjlighet tillräckligt ofta, vilket får till följd att det blir de mobbade eleverna som flyttar istället för utövarna. För de utsatta eleverna kan dessa upplevelser hänga med långt in i det vuxna livet. Vissa kommer aldrig över den tiden i skolan. Det kan innebära att de inte ges den frihet att leva sina liv som de annars skulle ha haft möjlighet att göra. De möter istället en framtid där de hämmas av sina negativa upplevelser i kontakter med andra människor eller i samhället som helhet. I absolut värsta fall finns risken att den mobbade tar sitt eget liv.

Tänk på konsekvensen av att den du sårar med elaka ord eller nedlåtande beteende, kanske en annan gång är den ende som finns tillhands när du själv behöver hjälp efter att ha råkat i knipa eller rentav blivit sjuk.

Har du då en tanke på att säga ”FÖRLÅT” eller blir dina första ord ”Hörru’, jag bara skojade ju med dig sist, men du, jag behöver din hjälp nu.”

För när ingen annan av dina coola kompisar vill eller kan hjälpa dig, då finns det bara de kvar som du så glatt mobbar. Tror du att du godvilligt får den hjälp du ber om då?

En klok gubbe sa en gång för länge, länge sedan:

> ”Om du har för avsikt att yttra en åsikt, bör du först ha fått en insikt”

Hur skulle du agera själv, om rollerna var ombytta? Låt din insikt få bli att Karma finns med dig, överallt, och slår tillbaka helt oförberett. Karma är helt enkelt ett eko av allt vi gör, säger och tänker.

Rotary har en etisk guide, fyrfrågeprovet. Avsikten är att vi ska ställa oss dessa fyra frågor så snart vi är tveksamma till om vi ska säga eller göra något:
– Är det sant?
– Är det rättvist mot alla som berörs?
– Skapar det samförstånd och bättre kamratskap?
– Är det till fördel för alla berörda?

Ord uttrycks aldrig enbart i skrift och tolkas av mottagaren i en större helhet. Vi uttrycker oss ständigt, i sång, i skrift, genom kroppsspråk, minspel, klädsel, tatueringar och annat som vi smyckar kroppen med.

Vi har en tanke bakom det budskap vi vill förmedla, men är vi säkra på att mottagaren tolkar det så?

Säg att du stöter på en vän som ser helt förstörd ut. Du försöker muntra upp vännen med en knuff i sidan och säger ”Vad är du så butter för, din surkart?” Du vet ingenting om vad personen just gått igenom. Uppenbart något ledsamt, något som dina nedlåtande ord bara förstärker. Din avsikt var god, men inte ditt uttryck… Tänk efter före …

Med allt detta sagt vill jag nu berätta en händelse från min egen skoltid på sextiotalet, då arbetskraftsinvandringen var väldigt stor liksom främlingsfientligheten.

Inför tredje årskursen skulle vi fotograferas. Man hade ställt ut två bänkar från gympahallen och så ställdes klassen upp på skolgården. Nadja, som var minst i klassen och därtill årets mobbningsobjekt, sattes på bänken längst fram.



För att göra en lång historia kort så var Nadja väldigt känslig och snäll men också lite udda vilket gjorde det svårt för henne att smälta in i vår miljö. Som barn förstod vi inte att det berodde på hennes stränge pappa. Fy vad barn kunde vara elaka! Ofta frågade hon mig vad hon hade gjort dem för ont? Varför var de så elaka? Varför? Detta eviga ord utan svar.

Strax före jullovet, hände något fint ute på skolgården. Maria, den rödhåriga flickan i klassen, hade koll på vad som pågick på rasterna och hon kände i hemlighet stark empati för Nadja och var beredd att ge sitt stöd om det skulle krisa. Nadja och bästisen Roxana höll på att munhuggas med retstickan Eva, när Maria, jag och några till kom fram till dem. Maria bar på en skokartong som hon gav till Nadja. Förvånad och misstänksam tog Nadja emot den. Var detta ett elakt skämt? Hon vågade först inte öppna lådan, men Maria log och bedyrade att det inte var något otäckt i den och att det var till henne. Hon förstod så väl hur Nadja kände sig just då. Vi andra stod i en cirkel runt dem och såg på med spänning. Eva började förlöjliga hela händelsen, men då sade vi andra ifrån och bad henne gå därifrån. Då teg hon, men stannade ändå kvar för hon ville inte missa detta.

Maria sade att hon mindes hur ledsen Nadja hade varit förra julen över att hon inte fått någon speciell julklapp, men att hon själv hade fått sin efterlängtade äkta Barbiedocka. Så då behövde hon ju inte sin fejk-Barbie längre. ”Fast hon heter egentligen Barbara eftersom det inte är en äkta, men hon är fin ändå, sade hon leende till Nadja. Så nu vill jag ge den till dig så att du också kan ha en docka att leka med.”



Nadja blev så glad att tårarna kom! Var detta verkligen sant?! Försiktigt lättade hon på locket och där låg Barbara, på ett litet stickat täcke. Hon såg ut som en riktig Barbie fast rödhårig istället för blond. Men rödhårig var ju Maria också. Då skulle hon ju bli påmind om Marias fina gest varje gång hon lekte med dockan. De andra flickorna flämtade till unisont när Nadja öppnade lådan. Eva tyckte att Maria var galen som gav bort en sådan sak, men Maria lyssnade inte på det. Hon bad istället Nadja att lyfta på filten också. Under den låg en hel hög med kläder till dockan och nu blev flämtningarna ännu högre i den lilla gruppen. Nadja stirrade ömsom på Maria ömsom ner i lådan på alla de fina kläderna och på dockan.

Hon visste inte vad hon skulle säga, hennes röst var tjock. ”Menar du verkligen att du vill ge mig allt detta på riktigt? För alltid?” Maria nickade och log. För alltid!

Maria kände sig både rörd och otroligt glad över att hon hade bestämt sig för att göra detta för Nadja. Hon hade redan gissat att Nadja skulle bli glad, men att hon skulle bli så här glad, det hade Maria inte kunnat föreställa sig. Nadja stod som fastvuxen i marken och glömde hela omvärlden för en sekund. Tårar av lycka rann nerför hennes kinder och droppade ner på den lilla filten i lådan. Eva hånade henne.

Nadja tittade upp på Maria igen med osäkerhet i blicken. Men Maria bara nickade. Barbara var nu Nadjas, för alltid. Och till Nadjas förvåning kom nu Maria fram och gav henne en kram också. Det värmde gott i Nadjas hjärta. Detta var nog den bästa present hon någonsin fått av någon. Maria hade ett gott hjärta och var en snäll person, sade Nadja när vi gick hem från skolan den dagen för att fira jullovet. Denna fina händelse skulle hon förvara i sin minneslåda i huvudet och Maria fick en evig plats på hennes lilla hylla i hjärtat.

När du ser något vackert i någon, säg det till dem.
Det tar dig inte många sekunder att säga det,
men för dem kan det vara för evigt.

ANNELI MAGNUSON, anneli.magnuson@telia.com

## Omtanke om Orden som berör...

Låt alla tomma ord
som inte är någonting
bli till någonting.

För ur ingenting
kan någonting
växa fram
någonting alldeles fantastiskt.

Låt detta nya växa och gro
över åkrar och ängar
och i ditt
hjärta.



Ja, vem äger rätten till orden?
Vi alla gör det, eller ...
Något har blivit oss givet, något som vi i många länder tar just för givet – en självklarhet.
Medan man i andra länder får kämpa för att få sin röst hörd!
Hur att förvalta denna ovärderliga gåva? Många är de som gått före oss för att göra det möjligt.

Jag har en önskan att använda orden med värdighet, ord som blir till meningar – att lyfta varandra. Ett ord kan göra skillnad. Du kan vara den som gör skillnad.

Att vilja Tala, att få sin röst hörd – samtidigt så viktigt att låta andra få samma möjlighet. Det kan vara den sista stavelsen som säger mest, visdomsord kan det visa sig.

Ibland kan det hända att någon ringer och bara vill prata lite om det som är. När samtalet är slut och någon säger ”så underbart när Vi pratar, nu känns det så mycket bättre”.

Så konstigt, jag som inte sa något alls, inte en mening. Ja, ibland kan just det vara det viktigaste, att låta de ”tysta orden” tala – att vara närvarande.



Att vara sann mot sig själv. Visst är det viktigt att få säga vad man tycker. Just det, vad man verkligen tycker, inte vad alla andra tycks tycka. Att bara trycka och gilla för att alla andra gör så. Kanske såra någon och sen lite nonchalant, med en axelryckning och kanske med ett leende, säga ”jag menade inget”.

Så utomordentligt märkligt att överhuvudtaget säga något man inte menar, detta är för mig en gåta. Att sen lägga till ”så gör ju alla” …
Vilket inte på något sätt gör saken bättre!

Stanna upp och tänk. Vem är jag, vad känns rätt i mitt hjärta? Att lyssna till sitt hjärta – där visdomen bor. Den kan vara svår att finna, men att ”stilla sig” och lyssna på orden eller känslan som kommer är fantastiskt. Då gör man ett aktivt val att välja att vara sann mot sig själv och den man vill vara.

Det är dock inte lätt att veta vem man är, här kan man bjuda in dessa tankar som kommer med svar ...

Detta kan även få andra att vilja finna sig själv. Ett förhållningssätt till själva livet.

För mig är detta en del av:
Meningen med LIVET.

Sida vid sida står de
ibland för sig själva
ibland i grupper
stora som små.
Först kommer det lite trevande
vilka hör ihop – var ska vi stå?
Blir det bra så här?

Visst blir det bra!

Dessa bokstäver som bildar ord
ord i enskildhet, ord i gemenskap
ord som blir till meningar
som berör ditt hjärta som längtar så.

Det är som med Kärleken
en kärlekspassion i ord...

Detta är ingen ordlek
det är fullaste allvar.

Det är orden som förför oss
att vilja likt ett äktenskap
vårda kärleken dag för dag.

Ord blir meningar
och det är meningen att bli som poesi
när vi läser och låter oss
Beröras – Förföras

MIKAEL RUDESJÖ, rudesjo@gmail.com

orden är en bro
till människornas hjärta
– befriar själen

orden omringar
anfaller tankarna
– når djupare in

i utsatt läge
då allt tycks förlorat
räddar orden mig

bygger upp världen
med tjugonio delar
från A till Ö

ger marken under
fötterna balans att gå
vidare i tiden

låt bokstäverna
befrias av läpparna
och du talar fritt

ta till pennan då
orden inte kan stillas
– befria din röst

ställ dig på ett torg
med egna ord och tankar
– åsikter lyfter

slå an stämbandet
till gitarrens vibration
– sjung din egna sång

gör orden dina
och du tar makten över
din tid och ditt liv

BARBRO BLOMBERG, www.barbro.blomberg.se

## Selma, Innervarelsen och det fria ordet

Vem är Innervarelsen som Selma Lagerlöf talar om, denna mystiska inre kraft som dyker upp och tar över skrivandet, som öppnar dörrar för nya karaktärer, som kullkastar synopsis och den tänkta handlingen? Den inre skapande kraften som man vet så lite om och som kan ha gömt sig under nästan ett helt skrivande liv. Någon skulle kanske kalla Innervarelsen kreativitet, andra inspiration.



Skrivandet i sig är ett äventyr, om än stundtals mödosamt. Den fria tanken som låter orden och meningarna fylla manuskriptet, som skapar nya berättelser där det underliggande budskapet tillåts formas fritt. Syftet med skrivandet är att nå läsare som förhoppningsvis fångas av berättelsen. Och som fritt kan ta till sig det skrivna ordet, diskutera och tolka dess innebörd. Det fria ordet som befrämjar livet i alla dess positiva aspekter, som till och med kan förändra det. Men även förgöra.

Så här skrev Selma Lagerlöf i ett brev till Sophie Elkan 1894: ”Nu tror jag, att när man skrifver, så skall man på ett eller annat sätt krama fram innervarelsen, som alltid är en stor diktare med oändliga erfarenheter och så låta den taga ordet. Hvad som på det sättet blir diktadt är som man ej skulle ha skrivit det själf och så har man mycket mer roligt af det än om en skrifver ner egna erfarenheter.”

Författaren Elisabeth Rynell formulerar det så här i *Skrivandets sinne* (Bonniers 2013):

> ”Alla som sysslat med berättandet vet att i berättelsen bor en märkvärdig levande kraft som vill sitt. Att skriva, att dikta en sann berättelse (sic!) handlar inte om att hitta på, som många tror. Det handlar om att hitta berättelsen.”

Så här skriver Marguerite Duras i *Att skriva* (Ellerströms 2014):

> ”Skrivandet är det okända i en själv, i ens huvud, i ens kropp. Att skriva är inte en reflexion, utan en sorts förmåga som finns vid sidan av en själv, parallellt med en själv: en annan person som visar sig och som kommer närmare, osynlig, begåvad med tanke och ilska, och som ibland, genom sina egna handlingar riskerar att förlora sitt liv.
> Visste man något om det man kommer att skriva, innan man gör det, innan man skriver, skulle man aldrig skriva. Det skulle inte vara mödan värt.
> Att skriva är att försöka ta reda på vad man skulle skriva om man skrev – och det vet man bara efteråt – innan är det den farligaste fråga man kan ställa sig. Men det är också den vanligaste.”



Och det är här Innervarelsen börjar agera; låter berättelsen ta nya former, namnger hittills okända karaktärer, presenterar nya problem, ändrar spelplanen och låter karaktärerna ta över. Det är bara att snällt hänga med, för man vet ju inte hur det ska sluta. Kanske går hela projektet överstyr. I bästa fall blir det till att börja om. Men man har haft roligt så länge det varade.

Jag har skolats inom journalistiken där sanning är honnörsord och där man hålls inom strama tyglar både vad gäller omfång och innehåll. Där man förväntas vara vederhäftig och sansad. Men det skönlitterära skrivandet är annorlunda, fantasin får plötsligt blomma ut, steg för steg har Innervarelsen vågat sig fram i ljuset och jag har förundrats över vad som dolts inom mig under mitt långa yrkesliv. Här finns berättelser och karaktärer som jag inte hade en aning om. Skriv kort har tidigare varit mitt mantra, nu tillåts jag fylla sida efter sida, sväva ut både språkligt och innehållsmässigt. Till en början var jag osäker, vågade inte riktigt släppa taget, höll mig ängsligt till det dokumentära, som att simma med en fot i botten. Numera flyter jag fritt.

Men så tänker jag på kollegor som lever och verkar i regimer där man tvingas hejda sig, skriva om, hitta fungerande metaforer, försöka pressa fram orden genom censurens raster, där varje menings och ords valör noga måste vägas mot risken att verket aldrig når sina läsare. Där Innervarelsen tuktas hårt för att de skrivna orden inte ska riskera författarens frihet. Då straffet till och med kan vara döden. Censuren kan sitta så djupt att den skadat Innervarelsen för all framtid; att den även om regimen demokratiserats inte förmår komma ut helt och fullt ur sitt andliga fängelse utan fortsätter skriva i gåtor. Då självcensuren hindrar berättandet och möjligheten att uttrycka sig fritt.



Att skriva fritt, att tänka fritt, att tala och uttrycka sig fritt är demokratins grundstenar men också kreativitetens näring, då Innervarelsens alla påhitt välkomnas, värderas, förkastas eller tas om hand. Hur många verk har inte gått förlorade på grund av censur och hot om straff? Hur många oskrivna berättelser har aldrig blivit tryckta? Hos hur många författare har Innervarelsen tvingats krypa in och gömma sig, hålla tyst, tiga i rädsla för repressalier?

Selmas Innervarelse fick blomma ett helt författarliv och gav henne ett Nobelpris. Hur många Nobelpris ligger inte begravda i tystnadens mull, hur många berättelser ligger gömda på det tystade ordets kyrkogård?

TORUN EWALD, mail@torunewald.se

## Snöflingor och profeter

De vackraste orden i Svensk författningssamling återfinns i Tryckfrihetsförordningen, 1 kap., 1§:

> ”Tryckfriheten innebär en frihet för var och en att i tryckt skrift uttrycka tankar, åsikter och känslor (…)”[1]

Det är stort. Att uttrycka tankar, åsikter och känslor är det som gör oss till hela människor.



Tillsammans med Yttrandefrihetsgrundlagen[2] utgör Tryckfrihetsförordningen grunden för vårt öppna, demokratiska samhälle. Enligt lagtexten ska både tryckfriheten och yttrandefriheten säkra ”ett fritt meningsutbyte, en fri och allsidig upplysning och ett fritt konstnärligt skapande”.

Dessa båda grundlagar garanterar oss fritt tänkande, fria åsikter, känslor och meningsutbyten, fri upplysning och fritt konstnärligt skapande. Är vi beredda att ge upp detta för att ett fåtal individer som känner sig kränkta kräver det?

---

1 SFS 1949:105.

2 SFS 1991:1469.

Vän av ordning säger att man inte får lov att säga vad som helst till vem som helst, och att det vi kallar yttrandefrihet är en begränsad frihet. Regler för vad man får och inte får säga eller skriva finns redan. Det finns skydd för personer, för företag och för rikets säkerhet, så exempel på de efterfrågade gränserna finns.

Orden är med andra ord inte helt fria. Tanken kan vara det, men dess uttryck måste begränsas för att vi ska kunna leva tillsammans, utgöra ett samhälle. Däremot ska vi fortsätta diskutera var gränserna går. För som Peter Forsskål skrev redan 1759 i Tankar om Borgerliga Friheten:

> ”Twärtom, Skriffrihet uppdrifwer wetenskaperna till sin höjd, röjer alla skadeliga författningar, tyglar alla ämbetsmäns orättwisa, och är Regeringens tryggaste förswar i ett fritt rike.”[3]



Även om det måste finnas någon form av gränser för vad vi får skriva om och säga till våra medmänniskor, måste ”ordet” i grundläggande bemärkelse vara fritt. I ett demokratiskt samhälle måste eventuell censur ske i efterhand.

Vid censur är det någon annan som bestämmer vad som får sägas eller skrivas, inte talaren eller skribenten. Genom historien har det främst varit överheten i form av kungen, staten eller kyrkan. Nu har dessa fått sällskap av personer och organisationer som anser sig ha rätten att bestämma över sina medmänniskor, vad de ska tycka, tänka, skriva och hur de ska och – framför allt – inte ska bete sig.

---

3 Forsskål, Peter: Tankar om Borgerliga Friheten, §9, Stockholm, 1759. http://peter-forsskal.com/documents/thoughtsoncivillibertyswedish.pdf, läst 2023-02-16.

Det finns ett ord för dessa lättkränkta personer som inte tar ansvar för sina egna reaktioner. Förutom den klassiska definitionen av en snöflinga som en fallande snöpartikel, används begreppet ”snöflinga” numera för att beteckna en ”person som är extra känslig för kritik och avvikande åsikter och uppfattningar (…)”.[4]

Moderna snöflingor finns överallt, i alla länder, i alla åldrar, med olika ursprung och olika åsikter, men de har en sak gemensamt – de tar inget eget ansvar. Andra människor ska rätta sig efter dem, ta hänsyn till deras känslor, stryka dem medhårs. Själva tar de inte ansvar för sina reaktioner och handlingar. Men då undrar jag, som profeten Job: ”Men visheten, var finns den?”[5]

Ska vi verkligen låta snöflingorna och de lättkränkta bestämma vad som får sägas och vad som ska förtigas?



Att skrika okvädingsord är lätt, men att komma på visdomsord kräver mödosam eftertanke, som det står i *Jesus Syraks vishet*.[6] När de som skriker högst tar sig rätten till orden, till allas ord, är det lätt att börja idka självcensur. Bakom den självpåtagna återhållsamheten finns ett hot om fysiskt eller psykiskt våld, mot skribenten eller mot någon i närheten. Då är det fara värt att tystna inför hoten, ty som profeten Amos säger: ”Därför tiger den kloke i denna tid, ty det är en ond tid.”[7]

Självcensur är den effektivaste formen av censur eftersom den leder till att det inte finns något att censurera. Diskussionen är över innan den

4 Svensk ordbok, läst 2023-02-07: https://svenska.se/so/?id=176128&pz=5
5 Job 28:12, Bibel 2000.
6 Syr 13:26B, Bibel 2000.
7 Amos 5:13, Bibel 2000.

ens har hunnit börja. Och diskussionen är i sig en förutsättning för yttrandefriheten, samtidigt som yttrandefriheten är en förutsättning för diskussionen. Med andra ord finns det en ömsesidighet mellan det fria ordet och diskussionen om det.

Det finns även en ömsesidighet i rätten till det fria ordet. För att ordet ska fortsätta vara fritt måste vi även acceptera att andra människor har andra åsikter än vi själva. Så länge vi kräver att andra ska lyssna på oss, måste vi lyssna på andra. Det måste finnas utrymme för obehagliga eller otrendiga åsikter, både egna och andras. Det är värt att minnas att även när vi inte tycker om andras ord har de andra fortfarande – inom redan givna gränser – rätt att uttrycka dem. Lika lite som vi ska rätta våra ord efter andras tycke, lika lite ska de rätta sina ord efter oss.



Vi ska stå upp för rätten till våra ord, att låta dem finnas, att bestämma hur de ska användas, men även stå upp för andras rätt till sina ord. Rätten att uttrycka sig, att bli korrekt citerad, rätten att få betalt – upphovsrätten. Dina ord är dina. Andras ord är deras.

På samma sätt finns det ett personligt ansvar i rätten till det fria ordet. Den som skriver har ansvar för det skrivna, men också ansvar för sin reaktion på det andra skriver. Om alla tog ansvar för sina egna tankar, uttalanden och gärningar, skulle samtalet hålla en helt annan ton. Att bli förorättad är, när allt kommer omkring, ett val. Skribenten kan inte lastas för läsarens känslor för det är upp till den som läser en text att bestämma över sin reaktion på det lästa. Trots allt är det så som Eleanor Roosevelt uttryckte det:

> ”Jag tror att det är en strävan hos en person som känner sig över-

lägsen att få någon annan att känna sig underlägsen. Först måste man dock finna någon som man kan få att känna sig underlägsen."[8]

När tonläget blir högt är det värt att komma ihåg rätten att tiga, en rätt som inte ska förväxlas med självcensur eller samtycke. Någonstans måste det finnas utrymme för tystnaden. Inte alla behöver kommentera allting och inte alla behöver ha en åsikt om allt. Som det står i *Predikaren*: "Bry dig inte om allt som sägs."[9]

Det är inte så att den som skriker högst, skriker bäst. Ibland är det bättre att viska i stormen.

Sinnet vilar
i mellanrummet
mellan orden



Samtalet kräver att ordet är fritt, annars blir det inget samtal. Då blir det monolog eller talkör. Ordet måste vara fritt för att vi ska kunna leva fullt ut, men vad som menas med det fria ordet måste vi fortsätta diskutera. Det går aldrig att ta yttrandefriheten för given. Det fria ordet är en process och den processen får inte ta slut. Även om segern är vunnen för tillfället, måste den vinnas igen och igen. Diskussionen måste fortgå om yttrande- och tryckfriheten och om var gränserna för dem går, men för att den ska kunna göra det måste diskussionen först och främst vara

8 1935 April 2, The Owosso Argus-Press, So They Say!, Page 4, Column 4, Owosso, Michigan. (Google News Archive): "I think it is the effort of a person who feels superior to make someone else feel inferior. First, though, you have to find someone who can be made to feel inferior." Författarens översättning.
9 Pred 7:22, Bibel 2000.

tillåten. Om vi inte kan diskutera det fria ordet är slaget redan förlorat och ordet fjättrat.

Det finns dock en tröst i eländet. Snöflingornas självpåtagna uppgift att hålla ordning på andras tankar och gärningar kommer till slut att bli dem övermäktig, ty som det står i *Predikaren*:

> "(...) det myckna bokskrivandet tar aldrig slut (...)".[10]

Med tanke på hur mycket som skrivs kommer snöflingorna lösas upp i en flod av ord. Så låt oss inte hjälpa snöflingorna på traven genom att censurera oss själva. Låt oss i stället skriva mer, men tydligare. Om någon bränner din bok, kräv inte att bokbränningen ska förbjudas. Tryck fler. Om någon förstör dina ord, skriv fler. Om någon förvränger dina ord, räta ut dem. Dina ord är dina. Och andras ord är deras.[11]



Nu är tiden att stå upp för rätten för alla att välja sina egna ord. Fortsätt skriva, fortsätt läsa, och fortsätt diskutera – det är meningen med och förutsättningen för det fria ordet.

Kom ihåg: Ta ingenting för givet. Alla demokratiska segrar måste vinnas igen och igen. Låt samtalet pågå. Ordet är fritt!
Än så länge.

Ord skrivna i sten
suddas ut
av sandstormen

---

10 Pred 12:12, Bibel 2000.
11 Att jag upprepar vad jag redan har sagt besvärar inte mig, och er ger det trygghet." Fil 3:1B, Bibel 2000.

HELEN HALLDÓRSDÓTTIR, helenislandia@gmail.com

## Ord

ord
ord
svävande
gula
runda ord

ord med vingar
fladdrar runt i universum

ord
ord
fragment
utan sammanhang

bildar helhet
bildar länkar
mellan oss människor

Hon ger ifrån sig ett skrik och slänger muggen full med det blomdoftande gröna teet i väggen ovan för vasken. Slänger den i väggen bredvid honom. Han blir helt stum och orörlig. Muggen går i kras och teet skvätter ut över väggen.

Han står kvar och stirrar på henne lika förvånad som arg. Han stirrar på henne en stund tills han vänder på klacken och går. Dörren smäller igen och hon skriker till, inte för att han sticker utan för att hon inte får det sista ordet. Hon fick inte fram något ord alls, fick inte en syl i vädret. Det brukar hon inte få när de bråkar, bråkar på spanska, där han är henne överlägsen. När han pratar sitt modersmål kan han vräka ur sig den ena spydigheten efter den andra. Hon förstår det mesta av spydigheterna men hon själv hittar inte orden att svara tillbaka med, inte på spanska, inte ens på svenska utan endast på det egna modersmålet.



Hon insåg snabbt efter att de hade inlett ett förhållande att hans svenska, trots många år i Sverige, inte var så bra, i alla fall inte tillräckligt bra för att kunna kommunicera på en vettig nivå. Hon förstod att skulle deras förhållande ha en chans att fungera fick hon lära sig spanska. Det gjorde hon snabbt. Så snabbt att inom några månader kunde de kommunicera bättre på spanska än svenska, förutom när de bråkar. När de bråkar känner hon sig verkligen underlägsen honom. Och när hon inte hittar orden börjar hon skrika och slänga saker, sparka på saker, till och med slå på saker. Ren frustration inser hon och känner ofta skam efteråt, skäms över att ha tappat kontrollen, att ha betett sig som en tonåring. Just så som hon ofta sett tonårskillar med utländsk bakgrund göra. Det har hon iakttagit i skolan där hon arbetar, på bussen och i andra situationer där de hamnat i verbalt underläge och tar till nävarna. När orden inte finns till hands tar våldet över…

Hon minns andra tillfällen då orden varit viktiga. När de rätta orden inte fanns till hands när hon skulle prata för sin sak hos Försäkringskassan, banken eller bara på ICA. När hon känner sig stressad och framför allt när hon blir arg är det som de svenska orden gått upp i rök. Då känner hon sig som när hon nyss flyttat till Sverige; som ett barn, med ett barns vokabulär, speciellt när hon vill eller behöver kommunicera med en myndighetsperson eller med någon lärare på universitetet. Det går inte att ha samma pondus som i det egna språket. Med tiden och med åren har hon erövrat språket men fortfarande hör hon själv hur hon börjar bryta på svenska när hon blir arg eller upprörd.

När hon endast hade bott några veckor i Sverige tog hon ett jobb som vikarierande barnskötare och trots att hon jobbade där endast i tre veckor innan hon började plugga på universitet så lärde hon sig mycket svenska genom jobbet. Hon lärde sig framför allt genom "trial and error", genom att försöka gissa sig till vad saker och ting hette på svenska utifrån de fyra språk hon pratade. Oftast gick det vägen men ibland blev det helt fel som när hon trodde att en gran var en gren och ritade en juldekorerad gren istället för en julgran. Barnet som bett henne om att rita julgranen blev inte så nöjd och sa missnöjd: "Inte en gren, en GRAN".



De första månaderna i Sverige lärde hon känna en kille från Latinamerika som bodde i samma område som hon. En kväll hade de följe hem efter en fest på stan. Under tiden de promenerade hemåt pratade de genom en blandning av svenska och engelska. När de nästan var framme hejdade killen henne och frågade: "Vad är det för en moské du pratar om hela tiden? Är du muslim?" Först fattade hon ingenting men snabbt begrep hon att det var hennes danska måske, alltså kanske som hon använt hela tiden och trott att det var så man sa på svenska. De hade skrattat då och även flera andra gånger när de har träffats igenom åren och pratat och skrattat åt denna anekdot.

Hon hade också blivit arg på honom när det visade sig att han hade en flickvän när han sagt till henne denna samma natt att han och flickvännen gjort slut, eller så hade hon uppfattat det. Han hade sagt att de två hade "bråkat" vilket hon trodde betydde att de gjort slut och associerade till engelskans "brake up".

Hon ser ut genom fönstret hur solen skiner och torkar bort regnet som fallit under morgonen. Hon skrattar högt när hon tänker på när hon efter att ha bott ett par månader i Sverige och var på en fest hos sin landsmaninna och bästis berättade för första gången ett skämt på svenska. Det gick så där… Ett viktigt ord i skämtet var ordet "orgasm" och hon råkade säga "organism" istället, så alla skrattade på helt fel ställe…



"Pling! Pling!" Dörrklockans pling tränger in igenom hennes minnen och tankar och gör henne medveten om nuet, här och nu i hennes stora hyreslägenhet.

"Jag öppnar inte".

"Jag kan inte visa mig så här rödflammig i ansiktet av all gråt".

"Fast jag får nog kolla vem det är som plingar på". Hon tassar ljudlöst fram till dörren och ser igenom titthålet sin kära bästis stå utanför lägenhetsdörren med en stor blombukett i famnen och liten pappask i handen.

”Juste, jag fyller ju år idag!!”

”Attans, jag kan ju inte låta henne stå där och vänta och behöva vända hem igen med blommorna och allt!” Hon torkar tårarna och piffar till sig snabbt för att sedan låsa upp dörren och välkomna in sin väninna.

När de väl har satt sig vid köksbordet för att dricka te och smaka på de underbara bakelserna väninnan tagit med sig råkar väninnan titta på väggen ovanför vasken och frågar: ”Nej men, har du målat en sån fin blomma på väggen??”

ULF PERSSON, ulfskribent@gmail.com

## Nora

Idag ska jag träffa Nora men om detta möte vet jag ännu inget.

Dagen börjar som nästan varje dag med *Muistojen Bulevardi* (Minnenas boulevard) från finska Yle Radio 1. Den musikaliska nostalgin samsas här varje morgon med de finska orden. Orden är hyggligt bekanta. Jag förstår de flesta.



Musiken i *Muistojen Bulevardi* kan i goda stunder leda till att jag hamnar i en behaglig och kreativ sinnesstämning, som i sin tur kan leda till en idé, och av denna idé kan det sen bli en text. Ett gott exempel är den gången för ett par år sedan då man en morgon spelade den personliga favoriten *Amapola* men i en annorlunda, suggestiv och vacker tolkning arrangerad av den italienske kompositören Ennio Morricone. Då fastnade jag direkt och kaffet fick svalna i koppen. Vad var detta? De finska orden berättade om filmen *Once Upon a Time in America.* En film av den italienske regissören Sergio Leone. Jag insåg plötsligt att jag hade missat den. Hur var det möjligt? Nu uppstod direkt en längtan efter två saker - att se filmen så fort som möjligt samt låna musiken och använda den i en egen text.

Mina ord blev tämligen snabbt till pjäsen *Corona Blues*, en romantisk historia som utspelar sig i Helsingfors med Covid 19 som icke dekorativ bakgrund. Resultatet var inte lyckat. Orden blev till klichéer. Kärlek mellan äldre man och yngre kvinna. Uppbrott. Avsked. Död och elände. Hur originellt var det?

Jag lät yngsta dottern läsa. Hon var brutalt ärlig och sågade pjäsen. *Corona Blues* uppfördes heller aldrig och för nu en tynande tillvaro på Dropbox. Må den vila i frid. Orden fungerade inte. Men musiken finns kvar. Den finns sedan länge på den personliga listan på Spotify, och varje gång jag spelar den är jag fast. Till flydda tider återgår då min tanke än så gärna, för att nu tala med Runeberg. Till Helsingfors. Till teater. Till skapande. Och filmen fick jag sent omsider se. Den visade sig vara ett välspelat och välregisserat gangsterepos med musiken i Morricones suggestiva arrangemang som viktig medaktör. Men min pjäs? Mina egna ord? Räckte de verkligen inte till? Jag lyssnar än en gång på *Amapola*.



Denna dag, dagen jag ska träffa Nora, står jag lite senare i Lund med hustrun under en skylt med texten Träffpunkt för seniorer. Tar en selfie för att glädja döttrarna. Seniorer? Det är alltså det vi har blivit med nutidens försök till icke kränkande språkbruk. Senior? Vad är det för fel på ordet gammal, egentligen? Ska vi nu döpa om Ernest Hemingways mästerverk till *Senioren och havet*? Nej! Vi har rätt till orden, även om de skrevs för länge sedan. Rör inte våra böcker. Rör inte våra ord. Rör inte vårt kulturarv!

Så kommer jag att tänka på skyltarna som fanns på spårvagnarna i Helsingfors för inte så länge sedan. Där kunde man läsa: Sittplats för åldringar och invalider. Det var rejäla don rent språkligt - och omöjliga idag. Det finns ofta en kärvhet i finlandsvenskans formuleringar fjärran från svensk mesighet, som jag uppskattar. Och vad står det idag på bussar och spårvagnar i dagens språkligt lättkränkta Sverige? Ingenting! Text är ersatt med en symbol. Gubbe med käpp. En senior. Det är det jag är. En senior. Fast än så länge utan käpp. Men ändå brukar jag ta just de här platserna. Med viss rätt. Gubbe utan käpp sätter sig hos gubbe med käpp.

Strax ska jag möta Nora. Men om detta vet jag fortfarande inget. Hade jag vetat om mötet hade jag nog blivit lite orolig. Nervös. Möjligen hade jag också försökt få till de rätta orden i en ursäkt till Nora med tanke på hur allting blivit. Hur det ser ut. Hur ska det gå för Nora? Det kommer att bli den allt överskuggande frågan efter vårt möte.



Media rapporterar en dag att det nu finns fler diktaturer i världen än demokratier. Jag förstår det inte. Hur är det möjligt? Som senior dvs gammal är jag uppvuxen i en trots allt optimistisk efterkrigstid. Muren revs och allt tycktes bra.

God is in his heaven and all's right with the world. Just så kändes det då. 1989! Världen andades optimism. Muren i Berlin föll, och diktaturer skulle falla och demokratierna segra. Blivande studenter - bland dem mina döttrar - skulle på riktigt kunna sjunga om en ljusnande framtid, och de skulle ha rätt. Det var då. Då var jag själv mitt i livet med hustru, villa och barn. En tanke - varför tog jag inte barnen till Berlin 1989 så att de själva fick se hålen i muren? Och genom hålen se in i en ljusnande framtid. Den ljusnande framtid som ju skulle vara deras. Och föras vidare till deras barn. Och till Nora.

Och nu? Efter flera decennier? Nu är de egna barnen mitt i livet och jag själv framflyttad till platsen för gubbe med käpp. En senior. Och hur har världen utvecklats? Fler diktaturer än demokratier. Populism. Antidemokratiska värderingar med eko från 30-talet. Krig i Europa. Hur är det möjligt?

Var blev ni av, ljuva drömmar om en rimligare jord?
Ett nytt sätt att leva? Var det bara tomma ord?

På Hipp i Malmö ser jag föreställningen *Monicas vals*, där man avslutar med just den här sången med text av Hasse Alfredson och Tage Danielsson. Och jag får nästan tårar ögonen. Var blev ni av ljuva drömmar om en rimligare jord? Just så! Folkhemmet som krackelerat, polarisering, våld, krig, klimatkris, lögner.



Krig är fred. Frihet är slaveri. Okunskap är styrka.

Orden är George Orwells. Från hans roman *1984*. Den är som bekant en satir. På Facebook kunde man för inte så länge sedan läsa ett tänkt inlägg av Orwell, där han med bestämdhet hävdar att ”jag skrev boken som en varning - inte som en manual!”.

Krig är fred? Ordet krig får inte nämnas i Ryssland. Det heter specialoperation. Tänka sig. Och en av landets främsta författare är som bekant Tolstoj. Heter hans mest berömda bok verkligen *Specialoperation och fred*?

Frihet är slaveri? En tankeparadox. En politisk saltomortal.

Okunskap är styrka? Vissa händelser som ägt rum har till exempel inte ägt rum! Massakern på Himmelska fridens torg får inte nämnas, inte heller Stalins terror. Säger man emot dvs sanningen kan man straffas. Sanningen har blivit lögn. Fake news!

Vi är på väg in i en era av totalitära diktaturer, en era där tankefrihet först blir en dödssynd och därefter ett abstrakt begrepp.

Orwell igen. Redan 1940.

How strangely will the tools of a tyrant
pervert the plain meaning of words!

Orden kommer från Samuel Adams, amerikansk statsman och filosof. År? 1776.



Den amerikanske författaren och historikern Timothy Snyder var i mars 2023 inbjuden av Svenska Akademien. Snyder som är expert på Rysslands och Sovjetunionens historia skulle tala om yttrandefrihet, att säga sanningen och faran med detta. Han säger: Yttrandefrihetens syfte är att skydda den som säger sanningen och som tar en fysisk risk med att göra det.

Och här tänker jag på min egen favorit från det nära förflutna - Sophie Scholl. Som medlem av gruppen Vita rosen protesterade hon mot Nazityskland. Hon fängslades, dömdes, avrättades. Ännu inte fyllda 22. Hennes sista ord inför rätten lär ha varit:

Vad vi har skrivit, det tycker ni alla andra också. Ni har bara inte modet att säga det.

Vi lämnar träffpunkten för seniorer och vandrar vidare i Lund. Passerar Allhelgonakyrkan och "greken" som inte är någon grek men som serverar utsökt mat. Går under Valvet. Det var här jag för många år sedan läste ekonomisk historia med diskret framgång. Går sedan förbi UB dvs Universitetsbiblioteket. Hur många timmar har jag tillbringat där?

Vi når vårt mål. Lasarettet. Vi är tidiga och sätter oss i receptionen. Här är det lugnt. Vi är få. Det är hustrun och jag och en ung dam. Hon har blommor och rätt många personliga ting i kassar runt sig. Hon ser glad och lite trött ut. Bredvid sig på bänken har hon en insats för spädbarn. Hustrun reagerar. Inser att här finns ett litet barn. Vi frågar. En flicka! Hur gammal? Två dagar! En flicka på två dagar. Får vi titta? Jakande svar med ett leende. Vi närmar oss försiktigt. Den lilla sover sött omedveten om gamlingarnas nyfikenhet.



In kommer stolt fader. Dansk. Jag gratulerar även honom och frågar vad den lilla ska heta. Då kommer det. Nora!

Vi prisar namnet som ju fungerar väl på både danska och svenska. Själv tänker jag på norske Ibsen och *Ett dockhem* men det säger jag inte. Vi har en varm och fin stund där hos den danske fadern och svenska modern samt lilla Nora. Det är en stund som gör ett djupt intryck på mig, och som jag inte kommer att glömma.

Nora. Två dagar. Hennes liv har precis börjat och känns oändligt. Svindlande. Hur kommer detta liv att gestalta sig? Hennes värld? Hur kommer den att se ut?

Inom mig önskar jag Nora all lycka och ett gott liv. Med rätt till orden. Med rätt till de rätta orden.

Vi vinkar farväl till Nora och hennes föräldrar.

LOTTE VIKLÉA, lotte.viklea@hotmail.com

## Mamma

I början sa Sunita det ofta. Ordet bara hoppade ur munnen på henne, som den gången i mataffären när hon sa:

”Mamma brukar ta dem i papp. De är bättre för miljön.”

”Jaha, fast nu är hon ju inte här och då gör vi på vårt sätt”, sa pappa och la ner krossade tomater på burk.

Eller som den gången han glömde frukt två dagar på raken.

”Mamma brukar packa väskan på kvällen. Då glömmer hon inte.”

”Brukade. Du får säga brukade för nu packar hon ju inte frukt alls, eller hur?”

Det var ändå bra de gånger mamma hoppade ur munnen, för då var det som att hon fanns. Då pratade de nästan om henne. Men det blev mer och mer sällan och hon försvann också ur teckningarna för bilderna på mamma, pappa och Sunita fick inget beröm. Han bara reste sig och gick till ett annat rum.

Det hände att Sunita frågade efter mamma och då sa han:

"Caroline har Edward nu. Hon valde honom. Så nu är det bara vi två."

Eller:

"Du måste förstå att Caroline inte har tid med dig. Hon har ju Edward." Då ritade Sunita Edward med en jättemun och vassa tänder, nästan som en krokodil. Den bilden tyckte pappa om.

Sunita märkte att det gjorde skillnad om hon sa mamma eller Caroline. Sa hon mamma fick han något svart i ögonen och blev tyst. En gång sa han att ordet gjorde honom ledsen.



"Och jag tror inte du vill ha en ledsen pappa. Eller vill du det?"

Det ville Sunita förstås inte. Caroline var ju också fint. Hon skrev namnet med snirkliga bokstäver och gjorde om pricken över i till ett hjärta. Sunitas namn fick också ett hjärta. Två små hjärtan bredvid varandra. När han hittade lappen med namnen sa han:

"Jag tror inte du förstår. Hon vill inte ha med dig att göra. Du existerar inte längre för henne."

Hon. Bara tre bokstäver. Men ändå bra för hon kan vara vem som helst. Hon kan vara faster, fröken, Sunita eller mamma. Hon skrev hon. Men till slut visste hon inte vem hon var. Hon blandades ihop och även om Sunita använde glitterpennor blev hon färglös. Ful. Hon blev ful. Hon var ful.

Pappa tröstade. Han fanns där. Han älskade henne fast ingen annan ville ha henne. Han övergav henne inte.

Sunita började rita stora hjärtan där bara pappa och Sunita fick plats. Hon använde en massa röd färg. Hjärtat bara växte och växte. Till slut fanns ingen plats för någon annan. Bara pappa och Sunita. I ett hjärta.

ANN-BRITT EKLUND, ann-britteklund@telia.com

## Orden jag gungar på gungan i lunden

Ur *CIVIL OLYDNAD*. Henry David Thoreau levde mellan 1817-1862 och är förgrundsgestalten för den civila olydnaden. Hans skrift har influerat Mahatma Gandhi och Martin Luther King Jr.
Här - i *CIVIL OLYDNAD* - anfäktar han individens rätt att göra uppror, vare sig det rör sig om slaveri, krig eller orättvisa.

Citat 1



"... Jag bekänner mig hjärtligt till mottot:
Den regering är bäst som regerar minst; och jag skulle vilja se det efterlevas raskare och mer systematiskt.
Dragit till sin konsekvens följer detta, vilket jag också tror på.
Den regering är bäst som inte regerar alls och då människor är redo, så är det en sådan regering som de kommer att ha.
Regeringen är som bäst till hjälp, men de flesta regeringar är vanligtvis, och alla regeringar är ibland, till hinders...
...Kan det inte finnas en regering där majoriteten inte beslutar vad som är rätt eller fel, utan där samvetet får råda?
Måste medborgaren någonsin eller på minsta vis överföra sitt samvete till lagstiftaren?
...Jag anser att vi först och främst ska vara människor och därefter undersåtar..."

Ur *OM TYRANNI* / författare Timothy Snyder.

Citat 2

"… Att misstro fakta är att misstro friheten.
Om ingenting är sant kan ingen kritisera makten, det finns ingen grund för att göra det.
Om ingenting är sant är allt bara ett spel.
Den fetaste plånboken bekostar de mest bländande strålkastarna.
… När tron stiger ner från himlen till jorden på detta sätt blir det ingen plats över för de små sanningarna som vårt eget omdöme och våra egna erfarenheter lär oss…"

Ur *OM TYRANNI* /fortsatt av Timothy Snyder



Citat 3

"… Lyd inte i förväg.
Nästan alla auktoritära regimer får sin makt utan tvång.
… En medborgare som anpassar sig på detta sätt visar makten vad den kan göra…."

Ur *Gutenberggalaxens Nova* /författare Nina Burton
Erasmus av Rotterdam /Europas läromästare

Citat 4

"… För ord kunde borra sig ner till insikt, höja sig till överblick och öppna nya vägar. Som alla humanister tyckte han också - (Erasmus) - att språket speglade sinnet.
Om talade ord - Hur mycket kunde inte stilens undertoner säga?

De kunde elegant skilja en satir från en predikan. en komedi från en tragedi och en lyrisk prosa från bruksprosa ...”

Ur *Ordet vid bordet* - Martin Luthers bordssamtal- //författare Göran Agrell & Peter Strömmer.

Citat 5

”... När Martin Luther som predikant och själavårdare i Stadtkirche i staden mötte människor som menade sig ha köpt frälsningen genom avlatsbrev reagerade han starkt. Om detta berättar han långt senare... (”kampen mot avlaten”)
... Dominikanermunken Johan Tezel predikade skamlöst om avlaten och sägs ha haft en slogan:
”När myntet i kassakistan klingar sig själen upp till himmelen svingar!...”
(Min anm. samt kommentar enligt nedan.)

”För synd och skuld och skam och död
mänskan köpslog i sin nöd
Avlat såldes som ett bröd
och kyrkans feta soppa sjöd”

Ur Helsingborgs Dagblad/*Min Mening*/ insändare: Per Eriksson - tidigare rektor vid Lunds universitet (Som nedan ger svar och kommentar till annan ”vetande” insändare som i sin insändare uttryckt, att det är helt klarlagt att det inte finns och aldrig har funnits någon GUD - ...)

Citat 6

"… Vi menar att det är bättre att veta att man är troende än att tro att man är vetande…"

Det är en dikt utsprungen då orden jag gungar på gungan i lunden.

I

det gungar en gunga av hjärtans fröjd
långt bort i den djupaste tiden
den flyger och lyfter mot himmelens höjd
i innerlighet, där den gungar förliden

den häver sin tyngd, slår skuggor som dansar
drömmar sveper som duvhökens vingar
bland orden de flyger och binder i kransar
glömska åt jorden, en själ sig svingar

för var gång den gungan når upp och sen vänder
sin sits, som gått runt och är vänd upp och ner
blir himlen en jord och jorden är mer
en himmel som speglar det hela som händer

jag själv är en tanke som flyktigt har tänkts
men där på gungan är allt till skänks

## II

där gungar en sanning, där gungar en lögn
som tvillingar trängs och gungar de båda
tvillinglikt döljer de under sitt hägn
så fullkomligt lika de är att beskåda

den daggvåta kappan som släpar med fållen
trasslar sig fast, slits upp och går av
jag minns att början var fri från den rollen
att sitta och gunga, som drömmen mig gav

flyktvägen bort från det tveägda landet
kluven betraktar och styr den minut
som ögonblickslik i sin stund snart tar slut
då friheten låses med dubbla bandet



en gunga kan gunga fast porten stängs
på sitsen är vakan och drömmen som trängs

## III

jag talar från gungan, jag höjer min röst
jag flyr med de orden som glöder
jag talar för vintern, för vår och för höst
jag flyr på min gunga så högt att den blöder

så stilla den tanke som aldrig bestod
att invänta tiden för sorgmodig lek
man tar tillvara den enda klenod
som finns för att ha i kärlek och smek

då sänker jag farten i spegelvänt ljus
en morgon som rodnar, den vänder sig ner
mot horisonten, en dag finns ej mer
den plötsligt är borta i skymningens rus

famnen är full av de osagda orden
jag sätter min sanning och lögn ner på jorden

IV

gungan är nitad med borrade spik
och fastsatt i kedjans plågsamma gnissel
att gunga och vända en fattig och rik
och svänga de bådas eviga gissel



för båda har stenlagda marken rakt ner
och båda kan också se stjärnor
men båda önskar av stjärnfallet mer
än drömmar bak skallbenets hjärnor

förtvivlat att svänga med benen för sånt
som tjänar till gagn där upp i det blå
man helst ingen dödlig i bojor vill slå
så lyft då din tröst över tiden jag lånt

detta som syns då från höjden jag ser
och tänker ändå, vem kan hjälpa mig ner

V

det stänker på gungan, har änglarna sorg
vem gråter för vilda jordens skull
ett liv i ett hem, mitt hem är min borg
vem skrattar när gycklaren får oss omkull

vem vet hur en åker kan vaja av ax
vem vet hur en framtid kan lysa
vem vet hur en tid med en osynlig sax
klipper hål i en rymd till att frysa

det gungar en gunga, håll fast då det svänger
då vinden tar fatt och det blåser
handen är iskall och om kedjan låser
sig knuten, så vänta tills stilla den hänger

den flykten som far genom tid och rum
är ordlös som undran, om tiden är stum

VI

men gunga med lätthet, min glädjegunga
högt upp bakom häcken och tidens knut
släpp ordet loss så att det kan sjunga
tills virvlarnas dyrköpta dans tar slut

drömmer jag drömmer en annan sorts dröm
i magisk dans och i glädjens yra
här finns inga tecken i söm på söm
här spelar tiden på annan lyra

här finns inga lager på lager av år
som trängs ihop och hålls instängda fast
att sammanhållas av jagets last
till minnen som jordas och nergrävda får

sjunga så stilla för ljuvliga stunden
för ordet jag väntar på gungan i lunden

BARBARA FELLGIEBEL, alfacult@gmail.com

Rätten till orden förknippar vi gärna med rätten till det fria ordet. Jag tänker på Amnesty Internationals många fall, där människor världen över sitter i fångenskap för att de uttalat sig mot en regim. Tanken går vidare till internationella PEN, den 1921 i London etablerade författarförening som sedan dess kämpar för varje människas rätt till formulerande och utbyte av tankar. Tankar och ord.

Jag tänker på ett helt annat plan. En helt annan nivå. Mikroplanet där vi alla rör oss.



Jag tänker på de mellanmänskliga relationerna. Vårt dagliga liv och leverne. Där vi praktiskt taget från dag 1 lär oss: så här säger man, och så här säger man inte. Där jag redan som mycket litet barn lär mig, det här får du säga. Det där får du inte säga.

Med tilltagande ålder tilltar begränsningarna. Värst blir det för alla som vill ägna sig åt media – som journalister, reportrar, kommentatorer, korrespondenter eller liknande. Det fick jag själv uppleva i 17-årsåldern. Den internationella tyska radiokanalen Deutsche Welle gav mig i uppdrag att göra en radioserie om tyska ungdomar:

- Hur firar en tysk tonåring jul?
- Vad önskar sig en tysk tonåring i födelsedagspresent?
- Vilka framtidsplaner har jag?

- Var tillbringar jag mitt sommarlov?

Osv.

Jag skrev på tyska, texterna översattes till engelska och jag bjöds till studion i Köln för att läsa in mina texter på engelska. Så kul och så spännande. Och välbetalt var det dessutom.

När jag hade blivit lite varm i kläderna fick jag komma med ämnesförslag. Så bra. När vi sista året i gymnasiet åkte till Berlin, föreslog jag att nästa bidrag skulle heta En skolresa till Berlin.

Året var 1968, långt före murens fall. Naturligtvis måste jag nämna att staden var delad, delad av en mur i Östberlin och i Västberlin, tillhörande två olika länder. Det var ett faktum ansåg jag, och anser än idag, inget politiskt ställningstagande. Men, min artikel blev inte bara censurerad – hela bidraget ströks. Det var för politiskt!



Det var en ögonöppnare som lärde mig att pressfrihet är ett relativt begrepp. Överallt. I alla länder. I somliga mer påtagligt, i andra mindre. Men tillbaka till de mellanmänskliga relationerna. Har jag rätt att uttrycka mina känslor i ord? Alla känslor? Och alla tankar? Ett uttalat ord är som en våg. Det kan inte tas tillbaka, men det ger dig chansen att förstå hur jag känner och vad jag tänker – vare sig du gillar det eller ej. Ett outtalat ord innebär tankar och känslor jag inte fått utlopp för. Tusentals människor sväljer sina revolterande känslor, vågar inte formulera dem i ord och meningar, sväljer och blir bittra. Till den dagen då ett enda ord, en liten fråga, kanske ett "hur mår du egentligen?" får bägaren att rinna över. Människan exploderar, reagerar på ett skrämmande sätt med ofta ödesdigra konsekvenser. Är det därför vi har så skrämmande mycket psykisk ohälsa runt omkring oss?

Jag har hittat min medicin. Den kanske blir din:
Formulera dina känslor. Låt dem flöda fritt. Tala med dig själv, med naturen, med djuren. Dem varken kränker eller förnärmar du. Och skriv. Skriv och berätta om dina innersta känslor och tankar. Kanske inte nödvändigtvis i sociala medier eller till de människor det berör. Men skriv. Om du inte skriver, har du bara levt säger 2022 års nobelpristagare i litteratur, Annie Ernaux. Upplev ordens befriande makt. Och känn hur en inre lättnad sprider sig genom hela din kropp.

På förekommen anledning måste jag utvidga mitt bidrag om en oväntad dimension: När har brännande av böcker blivit en rätt till meningsfrihet? 1933, för 90 år sedan brände Hitlers bödlar böcker i olika städer i Tyskland. Böcker som hade skrivits av olika författare som inte delade den rådande nationalsocialistiska övertygelsen.



2023, den 28 juni, brändes en bok utanför en moské i Stockholm. Boken var koranen, den muslimska bibeln, en så kallad helig skrift. Just den dagen ägde offerfesten rum, höjdpunkten av den årliga Hadji – pilgrimsveckan där över 2 millioner människor beger sig till Mecka – något varje muslim avser och förväntas att göra en gång under sin livstid. I år var det en speciellt påfrestande bedrift, då termometern i Mecka visade 45 grader Celsius.

Att polisen beviljar demonstrationer är en sak. Att en demonstration anmäler att en koran ska brännas och ändå blir beviljad är oförståeligt och internationellt rentav farligt. När har brännande av böcker blivit en rätt till meningsfrihet? Dessutom just en sådan dag? Det är som om t ex Turkiets polis ger tillstånd att bränna en bibel på självaste julafton. Hur okänslig får man vara? Hur kan man låta bli att se konsekvenserna? Hur kan man inte begripa vilka förödande följder detta tillstånd kommer att få för Sverige?

De första reaktionerna: Turkiet ger inte sitt tillstånd till att Sverige går med i NATO. Ungern hänger på. Marocko hämtar hem sin ambassadör från Sverige. Innan dagen är slut har den svenska ambassaden i Bagdad stormats. Fler reaktioner lär det bli.

Den tyske poeten Heinrich Heine (1797-1856) sade redan på 1800-talet: ”Där man bränner böcker bränner man till slut även människor”.



Att bränna en bok är raka motsatsen till yttrandefrihet. Att ge tillstånd till att bränna en skrift som är fundamentet för en världsreligion är en oförlåtlig dumhet.

HELENA SUND, www.sundresurs.se

## Älskande ord

Jag har alltid älskat ord.
Ord som ger liv och får mig att växa.
Ord som vibrerar och smeker min själ.
Ord som ger klarhet och öppnar mina ögon.
Ord som smittar med livslust och glädje.

Tillåtande, öppnande, medkännande, erkännande ord.
Kärlek, frihet, expansion.
Kraftfull.

Men det finns andra ord.
Ord som nästlar sig rakt in i magen.
Ord som splittrar och skapar förvirring.
Ord som tystar och krymper mitt livsrum.
Ord som smittar med blindhet och lögner.

Dömande, krävande, förgörande, förstörande ord.
Rädsla, inskränkt, krympt.
Kraftlös.

Ord, ord, ord.
Ord dödar och ord ger växtkraft.
Ord splittrar och ord förenar.
Ord ger frihet och ord låser fast.
Ord lyser upp och ord släcker ner.

Ord har makt. Och vi väljer.

Älskande ord.
Levande, frigörande, lekfulla, nyfikna, ärliga,
härliga, glädjerika, nakna, fria, välgörande, befriande,
smekande, lustiga, upplyftande… Underbara ord.

Underbara ord. Ord, bara under.
Älskande ord. Tack att ni finns!

MIKAEL HÅKANSSON, mhaskaner@gmail.com

## Ordbruk

Episod 1

Hantverk tänkvärt
ordbehandlat
ordbehandlare
ordagrant galant
bredvid oregerligt galna ord

Hipp som happ
begripligt ogreppbart
beroende på
hur vokabler
staplas travas radas
ordklasser i kolossala klossar
ordnar ordbildning

Så väl
sovrat snårigt
ordfattigt ordrikt
sårbart och såbart

Så klart
ordordning pregnant
planerat planterat
planetära gränser

Klimat
för frön i jord
gjord i ordbruk
ur alfabet
även av analfabet

Ordbild kan målas
ordas muntligt och i sång
ur ljud från stämband
läppar tunga buk
mångfalt bruk
av retorik verbalt

Luft i rörelse gör ordet hörbart

Tanken full av mening
varken syns eller hörs

Tecken för blinda döva stumma

Bokstäver
skrift ur ordat
format av linjer
stående liggande
på tvären
som cirklar som snirklar
avbrutna böjda vinklade
o s v e t c
till och med
som prickar
punktskrift
med fingertoppskänsla

## Episod 2

Ord i möten som berör
kan slå gnistor
till gåshud
ge kärlek passion
in i het hängivenhet

med organ organiskt
till orgasmiskt
rätt ordnat

in i själen
avnjuts patos
långt ut i fingrar
ner till tår
till sfären
utanför lekamens
alla lemmar

ordbehandlingen
smeks in i sinn
sin hörsel sin hud
sin smak
sina ögon

för den som kan
hittat
upplevt
känt känslan

genom sig själv
bland andra
promiskuöst
som par
omaka

maka make maka maka make
make
makelöst
makalöst

Magkänsla för medkänsla
hur urkänsla
för ömsesidig hjälp
ger förståelse inkänning insikt
ur orden handlingen
från var och en
möjligen självupplevt

i den bästa av världar

där kär kärlek råder
vänslas orden fridfullt
i omfamning

eller

Episod 3

Kärlekens totala motfattning
omfattande omkastning
motsättning kullkastning
ordförvrängningar
förväntningar

ur sexuell lust bryskt
för kram puss kyss
för hud för ord
förord från frigjord
till omgjord
som tillintetgör
kärlek

Runda ord
fyrkantiga ord
trekantigt
tändande otändande
nedsättande snedtändande

kärlek och sex
ordat till max
strax
kan förnimmelse slå ut
i antiklimax
sexistiskt

Frivilligt kysk
ofrivillig avhållsamhet
självförvållat celibat

Smärta sårbart

då kärlek gör ont
obesvarat
helt sjuk av svartsjuka
maktkontroll manipulering
nedbrytning
såsom nättroll agerar avsiktligt ont
I att utsättas för okära ordstäv
blir kärleken ett falsarium
kärlekens motsats
i motsatta ord

Makten över ords betydelse
fysisk och psykisk styrka
psykopatiskt narcissistiskt
runt kärlek och hat
är inte att leka med
när ord står mot ord
i oförrätt förförd
av ord och kropp

Ordalag lagstiftat
rätt till skydd
från ord till handling
mot övergrepp greppbart



## Episod 4

Andra sorters explosioner
händer tänder slår sår
exponerar ord bryskt styrt
i krig och fred

trumptrumpet putinpyrt
erdoganarrogant
även på sverigedemokratiska

som natiokratiserar och
avdemokratiserar

som gäng gangstrar maffia
där pengarna styr affären
gränslöst utanför innanför
politiska sfären

ord och handling
order

förvandling förvanskning
väver ordbävning
binder hinder
för god kulturgärning
mångkulturellt

Förvrängt vänds och vrids
krig till fred
ovetenhet blir styrka
tvånghet blir frihet
enfald istället för mångfald
oväl ur väl
människoovänligt

för att tysta
förvränga orden
upprepat uppifrån
elitistiskt uppbackat
av nätkrigande elit underifrån
bombarderar ordsoldater
tills gjord odlad lögn
betraktas som fakta
fejk söndrar och härskar
slår split

Rapande ord

för gatukrigande gäng
med handeldvapen
och handgemäng

människor i kläm
av våld
ur ord ur spår
och handling

Episod 5

Röster mot mobbning
ordförståelse
för ord som gör ont
Enskilt var för sig

strött spritt

där ingen ser eller hör

utspridda
i stora mängder
bryter ner liv

då ordföljder
blir farliga

Känslomässigt
ordblint empatilöst

Tungomål från tangentbord
gömd bakom skärm gardin
persienn
för att såra

i rad efter rad
utmed rader
ger sår
sådd
grundligt planterat

Då utspridda ord
så ont
i stora mängder
bryter ner must lust
tar livet ur folk

Ord som både borde
avhållas och avnjutas
i insikt om ordens kraft
avfyrade av väl
eller av ve

Bokstavligt
kan ord döda

Episod 6

Föda

Ord mot ord
motord mot enfald avfyrt

ett fyrfaldigt leve
för flerfaldigt mänskligt
levande
i att förena
solidarisera demokratisera
mångfalden mera
så vi inte blir färre
bortsprungna
vilse

vilseledda avhumaniserade
människor mot människor
rädda för varandra

ord kan rädda
kan räcka
släcka bränder

mot många despoter
uppifrån och underifrån
emot

Legitimerade ordkrig
för sanningar i akt
bakom lögner
försvarbar ordattack
ständig ordbildning
för utbildning mot inbillning

Yttra kontra
ironi satir smäda
med vissa vassa ord
vässade välgrundade
som inte ger
tyranners sarkasmer utrymme
återerövra ordinarie
och vidareutvecklat ordbruk

Ordförståelse
ordböckernas betydelse
där ord definieras
i klarspråk
med bannlyst lögn
verifierat

## Episod 7

Meningen med ordflöden
ur ordförråden
frågorna svaren
avsikten insikten

Ansvaret
mottagarens avsändarens

Förutsättning för förståelse
förmedling förförståelse
förödmjukad förförd bakom ljuset
ur ordförråd ordklass
hur kultur, religion och klass
tolkas
behärskas
Väger härskarens ord tyngre?
På en våg
väger orden lika

Förståelse för ord
uttryck kommunikation
i ansikten och kroppar
olika språk

Svenskar för invandrare
invandrare för svenskar

Alla har vandrat in
från obegränsad tid
till gräns

Gränser har också vandrat
inom och mellan länder

Språktest bäst i test
för just utlänningar
mitt i livet?

Språk svårt nog
för inhemska svenskar
när orden osar

i ett klassrum
på en arbetsplats
i föreningar
och i hemmet
bland barn och föräldrar
mellan vuxna i rummet
eller i partipolitiken

Folk stänger av
orkar inte med orden

Svårt att samtala
läsa av
blir lätt missförstånd
när orden tolkas
fundamentalt olika

från ordklyverier till
härskartekniker

Kreti och pleti
lyssnar selektivt
inte alltid aktivt
tankar fladdrar iväg
mitt i samtal
när någon orerar

Konsten att tala
konsten att lyssna
konsten att skriva
konsten med ord

Hur blir det ordagrant?

I Ordbruk
är du kommen
i ordbruk
kan du varda
din stund
med orden
på jorden

MARIA ELENA BERGMAN

## Kärleken till orden var frihet

Att reflektera över de fria orden är inte det lättaste att göra. Varje gång jag tänker på frihet, anser jag att ingen är fri och därmed kan orden inte heller vara fria. Men vad är frihet och i vilken bemärkelse är ord, begrepp fria? Om ord inte kan vara fria, är människor inte heller fria?

Jag har ett tydligt barndomsminne: Jag såg min mor läsa ett stycke ur bibeln: *Johannes 1:1* "I begynnelsen var Ordet, och Ordet var hos Gud, och Ordet var Gud." Citatet dök inte upp i min tanke på svenska, jag mindes det på spanska: En el principio era el Verbo, y el Verbo era con Dios, y el Verbo era Dios. Mors läsande av bibeln betydde inte ett dugg för mig. Jag förstod inte liknelser, inte metaforer, inte GUD. Jag hörde inte hans ord, inte hans röst, men det hon läste stannade ändå kvar.



I skrivande stund tänker jag på meningen i det bibliska citatet. På svenska står ordet och i den spanska texten står verb. Det har olika betydelser anser jag men i slutändan är det nog samma innebörd. Ordet indikerar inte någon handling som ett verb.

Ett annat minne kopplat till ord, var att jag sjutton år gammal läste filosofen Paulo Reglus Neves Freire (1921-1997). Det var under mitt första år som student på katolska universitetet i Viña del mar i Chile. En lärare som kallade sig freirean, var mycket engagerad i dennes filosofiska och pedagogiska tankar. Han berättade om ”alfabetiseringen” av analfabeter i Brasilien. Återigen tog orden plats och det var en lärorik tid för en ung student. I Brasilien utbildades trehundra sockersrörsskärare på bara fyrtiofem dagar.

Alfabetiseringsprocessen tog fyrtio timmars lektioner utan ett häfte. Vår freireanska lärare vandrade fram och tillbaka i rummet och betonade deklamerande vilket mirakel metoden var. Ett fantastiskt verktyg för undervisning i läsning och skrivning utan häfte, utan läsebok. ”Kan ni tänka er, unga studenter, vilken Rrrrrevolution!” utbrast läraren. ”A leitura do mundo precede a leitura da palavra” (Att läsa världen föregår läsandet av ordet).



Världen förändras om vi benämner den. I denna metod så var orden det viktigaste. Det första: De genererande orden. Mängden genererande ord kan variera mellan aderton till tjugotre ord, ungefär. Efter att ha komponerat ett universum av genererande ord presenteras de i affischer med bilder. Stavelse, nya ord, medvetenhet, målet med läskunnighet för vuxna är således att främja medvetenhet om vardagsproblem, förståelse för världen och kunskap om den sociala verkligheten.[12]

I mitt huvud snurrade lärarens ord, världen, med världen, i världen, mellan världarna, medvetenhet, benämna, alfabetisering och revolution. Tack vare läraren fick jag möjlighet att aktivt arbeta i en av många alfabetiseringskampanjer nära mitt hem, bland fattiga analfabeter.

Vi praktiserade Freires idéer inte bara tänkte abstrakt om dessa. Flera böcker översattes till flera språk *De förtrycktas pedagogik* som i början

12 https://www.paulofreire.org/

var felöversatt i den svenska versionen till *Pedagogik för förtryckta*. Freire byggde sin metod på aktiva subjekt som skulle omvandla "sin förtryckta värld i frihet". Den kritiska pedagogiken och den kritiska alfabetiseringen var född.

Ingen kan komma åt tankar. Och även om det går att få fram beskrivningar av ett fenomen, upplevelser, erfarenheter, minnen med hjälp av intervjuteknik, är svaren avhängiga den som skapar frågorna, men de är inte ens tankar. Svaren är en representation av verkligheten inte själva verkligheten. Men med hjälp av ord, språket kan man återskapa tankar. "Ordet fri är mycket gammalt och dess ursprung är osäkert. Möjligen kan ursprunget vara förledet priyá- som på sanskrit betyder älskad/kär och via betydelsen vän/släkting har det utvecklats till den moderna betydelsen. Det förekommer i fornsvenska (fri(r)), i danska (fri) och i fornisländska (frí(r))".[13]



Men frihet då? Det finns en rad kopplingar till ordet frihet. Jag väljer en antonym dvs ett motsatsord och försöker förstå min tankefigur. Ofrihet. Jag känner mig ofri när jag inte kan svära i kyrkan, jag känner mig ofri när jag måste följa regler och normer, jag känner mig ofri i min tankeverksamhet när någon ljuger eller låter bli att informera mig om mina rättigheter. Mina ord har en social förankring. De skapas i känslomässiga relationer till andra människor. Till saken hör att jag skriver på svenska, ett språk som inte var anknutet till några känslomässiga relationer förrän jag var tjugoett år. I början var mitt svenska språk ofritt och mekaniskt. Jag var ofri därför att språket var torftigt, onyanserat. Kärleken till orden var frihet, frihet är demokrati.

13 https://svenska.se/saob/?id=F_1319-0167.nQRB

Ord var magiska, ord var frigörande, ord var såsom poeten Pablo Neruda uttrycker i en text om orden: "(…) De är så vackra att jag vill lägga in dem alla i min dikt… Jag fångar dem när de flyger, när de surrar runt, och jag fångar dem, rengör dem, skalar dem, förbereder dessa framför tallriken, jag känner dem kristallklara, vibrerande, levande, ebenholts, vegetabiliska, oljiga, som frukter, som alger, som agater, som oliver… Och sedan rör jag om dem, jag skakar dem, jag dricker dem, jag äter dem, jag krossar dem, jag klär dem, jag släpper dem (…)". *La palabra, Confieso que he vivido*, Pablo Neruda, Buenos Aires, Losada, 1974.

Jag insåg att filosofin inte har några slutgiltiga svar om någonting eller kanske om allt. För att uttrycka tankar måste man kunna skriva och läsa. Men, det stämmer ju inte. Analfabeter uttryckte tankar och talade men kunde inte förändra sin värld, inte bli fria från förtryck. Det finns muntliga berättelser för att tradera kunskap om världen. Så vem äger de fria orden? Kan det finnas ägare?



Ju mer jag läste desto mer politiskt blev mitt liv. Jag förstod att i ett samhälle måste det finnas ett system som skyddar människors frihet. Eller den förmodade friheten att använda sig av "ord" utan censur. Vi vet att i flera länder förbjuds inte bara böcker utan även frihet att yttra sig. I Sverige har man rätt att säga nästan vad som helst. Man har rätt att uttrycka sin åsikt i radio, i tv och på webben.

I yttrandefrihetsgrundlagen står det om dessa rättigheter. Där står också vad som inte är tillåtet, som till exempel att förtala eller kränka en annan person. Och så har vi tryckfriheten. För tryckfriheten får inga andra begränsningar finnas än de som följer av denna grundlag. Lag

(2018:1801). Det stod klart för mig redan tidigt i tonåren att jag alltid skulle stå på ”de förtrycktas sida”. Det som tilltalade mig hos den kristne socialisten, var att ”Freire ville skapa förutsättningar för människor att själva bli medvetna och värdera sitt varande”. Han ville att människor skulle kunna benämna orättvisorna för att själva förändra sina livsvillkor som aktiva politiska aktörer. Det kunde ingen annan göra åt dem. För att kunna ta sig an de fria orden måste man erövra sin närmaste verklighet, sin omgivning och sin sociala verklighet. Utan ord är man förtryckt. Så vad gör samhället för det fria ordet och frågan om ägandet? På sätt och vis är ägarna till det fria orden staten, samhället och inte minst medierna. Ordet, inte individen eftersom varje stat har system att skydda ”det fria ordet”. I Sverige utövas denna rättighet via lagar i andra stater censureras ”det fria ordet”. I filosofisk mening är vi fria ty ingen kan komma åt våra tankar.



Ord kan manipuleras. Vi människor kan bli manipulerade av ord. Att stjäla är omoraliskt men om någon säger ”jag bara lånade” så är intentionen något annat om man inte ber om lov. Eller att säga arbetsköparna istället för arbetsgivare. Jag har tydliga minnen om lyckan att kunna läsa. En hel värld öppnade sig för mig när jag läste skyltar och tidningsrubriker men fortfarande utan att förstå språkets djupa dimensioner. Vi lever i en tid där ord, information och digitalisering av ord i ettor och nollor har skapat digitala analfabeter. ”Digital analfabetism innebär okunnighet om ny teknik, vilket hindrar en del människor från att få tillgång till möjligheterna att interagera med dem”. Och ord som hat, kärlek och fred har fått en ny dimension. Ord är bild, ord är rörlig media, ord är lögner. En viktig fråga i framtiden blir om yttrandefrihet hotas av AI.

Internetkällor:

1 https://www.paulofreire.org/
2 https://sv.wikipedia.org/wiki/Frihet
3 https://svenska.se/saob/?id=F_1319-0167.nQRB

BIRGITTA SÜLAU, bsulau@outlook.com

## Bara ord?

Det talade ordet. Varifrån kommer egentligen det första ordet? Hur uppstod språket? Varför kan vi människor tala men inte djuren? Djur använder sig av läten eller sitt kroppsspråk. Hunden som morrar eller viftar på svansen, katten som fräser eller spinner, hästen som lägger öronen bakåt, drar upp munnen och visar tänderna – så visar djuren tydligt vad de känner och tycker.



Var det så det en gång började? Att vi människor kände behov av att gå vidare och utveckla gester och läten till att uttala de första orden. Ord som "Jaga", "Fiska" för att förklara vad vi ville göra. Så länge vi befann oss inom synhåll för varandra fungerade det sannolikt med ett enda ord. När vi sedan ville uttala oss om något vi inte såg framför oss, något som fanns runt hörnet, uppstod problem. Det räckte inte med ett enda ord för att förklara vad vi ville ha sagt. Vi började då använda flera ord i rad.

En liknande utveckling kan vi följa hos det lilla barnet. Babyns jollrande utvecklas till ord. Redan tidigt försöker vi påverka det: "Säg mamma!" eller "Säg pappa!" Vi pekar mot den tända lampan: "Lampa, lampa" säger vi och ljudar tydligt med läpparna för att barnet ska förstå.

Och en dag händer det. Barnet pekar med sitt lilla finger och säger det som vi tolkar som "lampa". Barnet har uttalat sitt första ord. Så lyckliga vi blir!

Efter ett tag, när barnet har blivit lite äldre, lär det sig säga två ord, och sedan fler. Pö-om-pö bygger det upp sitt ordförråd.

Ord kan skapa missförstånd

Vi har alla olika bakgrunder och olika erfarenheter, det kan orden visa. Ofta på ett roligt sätt. En stor burk kattmat visade sig för mig vara en annorlunda storlek än för min svärmor. När jag en gång sa till min dotter att "du får bara cykla till korsningen" gick hon iväg med sin cykel men kom tillbaka efter en stund och frågade: "Mamma, vad är korsningen?". Eller när jag en morgon vid frukostbordet sa: "Den där osten är inte så dum" frågade mitt barnbarn efter en stunds funderande: "Varför skulle den vara dum?"



Visst är det roligt med ord!

Ord är ett maktmedel

Ord kan skapa distans emellan människor. Ord kan tydligt påvisa social tillhörighet och få människor att känna sig obekväma i varandras sällskap när man märker att man inte talar samma språk.

Ord kan också påvisa geografisk tillhörighet. Genom våra olika dialekter avslöjar vi oftast var i landet vi bor eller har växt upp. En person från Norrland låter annorlunda än en person från Skåne. Ofta använder man olika uttryck och har ord som inte förekommer i den andra landsändan. Det kan skapa förvirring men också ett stort intresse för den andra personen. Var kommer du ifrån? kan inleda ett samtal som kan leda till en positiv, oväntad ny vänskap.

De viktigaste orden är kanske de som inte blir sagda. Du är rasande på någon, vill slänga ur dig anklagelser och utgjuta din vrede. Ord kan vara vassa som pikar. De kan såra, så djupt att du aldrig glömmer det. Märkligt nog är det oftare de negativa ord du fått höra om dig själv som stannar kvar i ditt minne än de positiva ord som yttrats om dig.
Ord kan inte tas tillbaka. Ord som uttalats i vredesmod borde kanske aldrig ha yttrats.

Det skrivna ordet
Ord bildar meningar, meningar blir till sidor, sidor läggs till varandra och bildar till slut en novell, en roman, en faktaberättelse, ett kåseri. Ord bildar sånger, psalmer, dikter, ja vad som helst. Det skrivna ordet kan ge oss så mycket. En trösterik text när du upplevt en djup sorg, en rafflande thriller som ger dig den spänning i livet som du tycker dig sakna. En faktabok om trädgårdsdesign och skötsel av rabatterna i din trädgård. Berättelser om andras liv och leverne som kan inspirera dig eller förfasa dig.



Det skrivna ordet måste granskas. Man ska inte tro allt man hör har jag fått höra sedan barnsben. Detta uttryck gäller även det man läser. Vem är källan bakom orden? Kan man lita på det man läser eller hör? Det är lätt att gå på nitar om man inte är försiktig och tänker igenom vad eller vem som ligger bakom.

Ord kan bli farliga. Ord som används som propaganda i krigstider. Hur vet vi att de ord som yttras är sanna? Med ord kan man få de värsta villfarelser och osanningar att låta trovärdiga. Det åligger oss alla att identifiera vad som ligger bakom orden. Och vem.

Hur än orden uppstod en gång i tiden så… öppnas genom orden oändliga möjligheter.

Orden överbryggar avstånd och hjälper oss att samexistera med medmänniskor över hela världen. Orden ger oss kraft och styrka vid svårigheter. Genom orden uttrycker vi lust och glädje.

Orden ger oss en ständig källa till samtal och diskussioner med andra människor.

Vårt förråd av ord utvecklas hela tiden: gamla försvinner och nya tillkommer.

Tack för Orden.

MARIANNE E. GUNVE

## Det fria ordet

Höstkvällen blånade och slöjor av dis svepte över de höga huskropparna, när Jenny öppnade balkongdörren på glänt. Hur hade hon hamnat här i miljonprogrammet? Av hybris över att ha fått småjobb inom show bizniz efter teaterskolan troligen. På soffan låg några tunikor utspridda. Hon valde den nyinköpta i olivgrönt. Med halsbandets olikfärgade kulor skulle den bli bra till de beigefärgade byxorna. Plötsligt hördes hetsiga främmande ord blandat med engelskans "fuck" i alla dess varianter genom dörrspringan. Glasrutan var prickig av regn, då hon stängde till dörren och tittade ut.



På gården stod ett svartklätt gäng med huvorna uppdragna. En av dem låg hopkurad på marken. Hon tyckte sig se hur de andra tre sparkade honom, men kunde inte tro sina ögon. Hon famlade efter glasögonen i fickan och tog på dem. Just då vände sig en av förövarna om. Skinnet knottrade sig på armarna, då hon upptäckte att det var Liams fräkniga nuna. Han stirrade in i hennes ögon samtidigt som han gjorde en knivrörelse mot halsen. Darrande tog Jenny upp mobilen för att ringa polisen. Tryckte in 1 1, men stannade upp då hon tittade ut igen, och stängde av den. Misshandeln fortsatte med sparkar mot den liggande. Med svarta kängor hoppade nu Liam på den livlösa kroppen. Förstenad stod hon kvar och som på en given signal sprang killarna åt olika håll.

I trappuppgången klampade steg uppåt och så ringde det på dörren. Hon kikade ut i titthålet och där stod han, Liam. Strupen snördes ihop och hon flämtade. Han ville alltså varna henne. Tysta henne. Om hon ringde polisen, skulle hon bli tvungen att vittna.

Omtumlad med skräcken isande i lemmarna stapplade hon in i vardagsrummet. Mobilen lät hon vara. Inte kunde hon ange sin egen granne. Han var ju så ung. Och stackars mamman! Hur skulle hennes liv bli efter en anmälan? Som ensamstående med tre ohängda tonåringar hade hon nog med bekymmer. Samvetet gnagde bland hjärnvindlingarna. Att låta våldet härska var fegt. Alla måste bidra till samhällsförändringen. Anmälde Jenny, kunde Liam få hjälp av socialen. Men att vittna i rätten. Få sitt namn känt bland de kriminella i närområdet. Att gå ut ensam efter mörkrets inbrott skulle bli en omöjlighet i framtiden. Tankarna rusade i huvudet. Hon visste vad hon borde göra, men tordes inte. Staten hade förlorat greppet om kriminaliteten och vem var hon att kunna ställa något tillrätta? Hennes eget liv skulle bli förstört om hon golade.



Hon drog fingrarna genom håret och kikade ut genom fönstret igen. Offret låg fortfarande på marken, nu med en ring av människor runt sig. Inga huvbeklädda, bara vanligt folk som grannar och förbipasserande. På håll hördes ambulans och polisbilar tjuta och inom kort blinkade blåljusen. Mobilen ringde och hjärtat gick igång. Bultade så det kändes ända upp i tinningarna. Var det han? Numret gick ju lätt att spåra genom Google. Hon pustade ut när hon såg att det var Nadja. Ikväll ville hon inte träffa henne. Inte gå på föreläsningen om just brottslighet. Men hon måste. Hon hade ju lovat. Handen skakade när hon tog upp mobilen.

”Du har väl inte glömt?” frågade Nadja.

”Så klart att jag inte har glömt att vi skulle ses. Jag har sett fram emot den här kvällen. Är jag försenad?”

”Du skulle ju ringa för att bestämma tid. Men du låter konstig på rösten, ja skärrad till och med. Har det hänt något?”

”Skärrad? Nej då! Jag är bara lite yrvaken. Vi ses utanför lokalen, som vi sade.”

Med en duns damp Jenny ned i soffan med händerna för ansiktet. Hon hade tagit ställning utan att tänka på det. Förnekat vad hon bevittnat av fasa inför huliganen i trappuppgången. Hon var alltså lika skyldig som alla andra. Hur hade det gått med killen på gården? Jenny reste sig och tittade genom fönstret ännu en gång. Skaran hade skingrats och vare sig polis eller ambulans syntes längre till. Hade hon hört några sirener, när de lämnade området? Inte vad hon kunde erinra sig. Det innebar naturligtvis att killen hade dödats. Hon hade bevittnat ett mord! Då blev hon tvungen att berätta det för polisen. Framför sig såg hon Liams gest över halsen. Det kunde bara betyda en sak. Han skulle döda henne om hon angav honom. Vad hade han tänkt säga, när han ringde på dörren? Uttala hennes dödsdom?



Inne i badrummet vaskade hon bort tårarna i ansiktet. Hon behövde ju inte anmäla just idag.  I morgon skulle hon se allt i ett annat ljus. Hon borstade tänderna och målade läpparna. Tittade på armbandsuret och såg att hon bara hade en halvtimme kvar tills föreläsningen började.

Senast hon hade träffat Nadja, hade de talat om det fria ordet. Hur gick kriminalitet ihop med det? Speciellt när det var killar från andra kulturer inblandade och så Liam förstås. Jenny skrattade till. Sedan när var ordet fritt i Sverige? Inte under hennes vuxna liv i alla fall. Så snart hon hade yttrat att hon tyckte att moderaterna hade rätt vad gällde brott och straff, hade hon åthutats. Inte minst av Nadja, som dessutom hade anklagat henne för att rösta mörkblått. Det hade Jenny definitivt inte gjort. Hjärtat var lika rött som blodet och hon var sosse in i själen. Skulle hon skippa kvällens evenemang och stanna hemma? Vila med ett glas vin och lugna nerverna. Gå igenom vad hon hade bevittnat minut för minut. Kanske hitta en strategi för att kunna gå vidare. Inte räckte det med ett glas vin! Hon rotade i skafferiet efter flaskan med Grönstedts konjak, den som pappa hade gömt när han hälsade på. Fann den bakom mjölpåsarna och hällde upp ett fullt dricksglas. Drack med stora klunkar och ringde Nadja.



”Jag kommer inte med ikväll”.

”Va? Var det därför du inte sade någon tid? Vi som inte har setts på så länge och du tyckte ju att det skulle bli intressant att diskutera kvällens ämne.”

”Jag är dödstrött. Vi ses en annan gång.”

Irritationen pirrade i kroppen vid tanken på tystnadskulturen. Många härute var av utländsk härkomst och kanske vana vid vendetta. Men Liam? Han var svensk och förväntades att stå för vad han hade gjort. Bland kåkfarare och knarkare fanns säkerligen andra normer. Vad visste hon om sådant? Hon återupplevde rädslan och obehaget att gå förbi killgängen vid tunnelbanan. Vågade inte möta deras blickar. Förstod inte vad de menade vare sig de var skandinaver eller utlänningar. Det i sig kändes som ett hot. I stort sett varje kväll samma rädsla. Tankarna vandrade till Mario Rojas, som trodde på integration. Det gjorde Jenny också. Han hade varit medlem i Folkpartiet och ordinarie riksdagsledamot i början av tvåtusentalet. Själv hade han invandrat från Chile och hade, bortsett från boklig kunskap och forskarkunnande, även personliga erfarenheter. Fortfarande kände hon förtroende för honom, men tiden hade inte varit mottaglig för hans förslag. Han hade anklagats för xenofobi trots sin egen främlingsstatus. Hon mindes Nadjas ord vid en diskussion: ”Nu får du ge dig! Han var ju för fan främlingsfientlig. Tyst med dina dumma idéer!”



Tyst! Tig! Håll käften! Hur fritt var egentligen det fria ordet? Alla har en röst i en demokrati, så hette det. Men var det sant? Fick man verkligen uttrycka sina åsikter? Jenny hade lärt sig att försegla munnen med en osynlig dragkedja. Vreden steg i hennes sinne och fick blodet att sprida sig ut i kinderna. Hon hade försökt göra slut med Nadja efter den gången. Hon däremot gav inte upp utan hörde av sig då och då. Att prata i mobilen var ingen konst. Det räckte med hummanden för att få Nadja att tro att Jenny var engagerad. Ordsvadan dånade och gnistor sprakade ur Nadjas mun, utan att hon märkte det själv. Någon gång emellanåt frågade hon om Jennys åsikt. Hon i sin tur hann knappt börja, innan hon avbröts av nästa harang. Nadja var så naiv, men hon umgicks bara med sina gelikar på Södermalm. Inte behövde hon frukta att gå hem på kvällarna. Inte mötte hon männens närgångna blickar och fräcka kommentarer som här i förorten. Då var det uppenbarligen lätt att ha humana tankar, precis som Jenny hade haft när hon var nyinflyttad i storstaden. Alltid var det pengarna som styrde. Hur många gånger hade Jenny inte avundats Nadjas pittoreska lägenhet vid Mariaplan? I de intellektuella kretsarna däromkring var det inte svårt att vara öppen i diskussionerna. Åtminstone om man delade deras åsikter. Något ifrågasättande var det inte tal om. Alla var överens om hur allt skulle skötas. Att vara sosse från förorten, eller ännu värre ”landet”, var något fult och otidsenligt för dem.

Hon gick in i köket och hällde upp mer konjak. Förställde rösten och ringde till jobbet och sade att hon var sjuk. Skulle inte komma i morgon och hon lyssnade till krya-på-dig-hälsningen. Drack mer ur glaset och lade upp fötterna i soffan. Om hon bara kunde domna bort. Få synerna ur huvudet och förtränga alltihopa. Låtsas att det aldrig hade hänt. Innehållet från fyrtiotalets dokumentärfilmer kom för henne. Många tyskar hade tittat bort under andra världskriget. De nekade till att ha sett judar föras iväg som boskap. De hade inte känt den fräna stanken från skorstenarna i koncentrationslägren. Den tysta majoritetens munnar hade täppts till av vapen och våld. Hörde hon själv till den nu? Så skamligt!



Konjaken började verka och hon kände sig dåsig. Lutade huvudet mot kudden, borrade ansiktet in i den och grät. Varför skulle detta hända just henne? Mellan tårarna fnös hon halvhögt: ”Det fria ordet – vilken floskel!” Demokratin var blott en chimär nuförtiden. Allt hon hade hoppats och drömt om hade slagits i spillror. Ett stråk av hemlängtan for genom henne. Småstaden, där hon hade växt upp, höljdes i ett nostalgiskt skimmer. Mobilen ringde ilsket. Nadja igen! Jenny orkade inte svara. Utanför hade mörkret sänkt sig och människorna gömde sig i sina skrymslen, fångna i sina egna hem. Snart skulle bara skummisarna visa sig ute. Hon öppnade datorn och sökte efter hemorten på Hemnet.

BERT WESTERSTRÖM, westerstrom.bert@gmail.com

## Mellan vingslagen av orden

Förbjud mig att tala
då skall jag tiga
men tanken skall stiga
fri som en svala.

Jag är som en vind
mig kan du inte nå!
Försök att fånga in mig,
jag flyger från dig då!

*

Kratta för glo och gråt,
trampa och skända
och vända kappa,
men med ont försåt
på sanningens trappa
kan ingen sätta en lögn
i minnets heliga lund.

*

Rädsla och skräck
ord i svart
som natt utan stjärnor.

Jag håller bara
i min hand en fågelsång
mot alla, som vill försvara
skräckens välde och rädslans tvång.

Skräckens krematorium
minns vi alltför väl
och taggtrådsrädslan
kring en övergiven själ.

Vi måste hålla ut
ta spjärn var minut
som sol i vitt
mot sol i svart.

Jag håller som mitt spjut
en fågeldrill med ordens melodi
mot maktens attribut,
ofrihet och tyranni.

*

Jag viskar ditt namn
Tjernobyl
vågar inte säga det högt.

Vita svalor seglar
över sarkofagen
vår som höst.

Vad kan ge tröst och försegla
Tjernobyl
vågar inte säga det högt.



Kan ringblommor dämpa
den Cesiumkrämpa
som finns kvar ännu.

Vem får ärva
Tjernobyl
vågar inte säga det högt.

Plutoniumtest, slutförvaringsattest
och en jordbävnings
kärva god natt.

Det får inte hända.
Det kan inte hända.
Vad viskar Tjernobyl,
viskar så tyst att jag ryser:

Släck var lampa som lyser,
tänd levande ljus snälla ni.
Vita tornsvalor seglar redan förbi.

*

## Till Marina Tsvetajeva



Hon sjöng
när andra av rädsla teg,
en sång för sorgsna
och förtryckta.

Spred som en sagolykta
månljus över havets hinna;
vid barrikader ännu inte släckta
sjöng en ensam kvinna.

Hon diktade om Volgas vatten,
när karbiner spändes
och kysstes ömt den natten,
då krutet i flammor tändes.

Mellan råbarkade och förskräckta
lät hon diktens källvatten rinna.
Många fick sina halsar knäckta,
andra dömdes att försvinna.

Av hennes honungsstämma
sjöng Paris en varm kastanjevår.
Men var hörde hon hemma?
Ett fönster står öppet och dörren slår.

Tiden söker henne, men hon försvinner.
Hennes älskare finner inte några spår.
Hon är poesin som oåtkomlig brinner,
en flyktig kyss oss här i vinden når.



*

Vem är du som vågar tala
om vetekornens liv och drama
i själarnas natt?

Vem är du som likt en svala
vilar i vinden
mellan vingslagen av orden
och drömmer ljusets drömmar
i mörkret hos oss på jorden?

Vi skall förvandlas, dö en stund till ax
sprida miljoner frön om vi vågar tala.
Annars blir vår lott att tigande se på,
brinna ner och förintas som ljus av vax.

*

Vi möts inte i början,
inte i barnets gryningsljus
utan i den stjärnögda natten
med smärtstillande medel
och ett krus vatten vid vår sida.
Detta är det skrivna,
men alltid bortrivna
sista arket som inte får synas.
Andningens förvandling,
när handen griper efter pennan
fastän den nästan inte kan det.
Vid ingången till slutet
dansar poesin förbi
och blir brinnande fjäril
när ögonblicket inte är förlorat
utan har blivit för evigt förstorat.

*

Jag försöker så länge jag kan,
försöker förstå och finna fram
till dikten som försvann.
Den gömmer sig nu
om natten
i drömmen som du,
vita vingar kring mitt hjärta
stryker bort
min sorg och min smärta,
men varje dag lyssnar jag
efter ord på din dialekt,
som alltid inom mig
har väckt sång till liv.
Jag försöker finna fram
till dikten som försvann,
försöker så länge jag kan,
men tid som var,
lämnar inte något kvar,
din rodnande kind,
är nu bara bloss i vind,
och din ljusa blick
har blivit blind.
Du fanns här
nu finns du någon annanstans,
och jag vet inte längre
var du är.

*

Broarna störtar i de djup,
där törst inte kan släckas
av glömskans vatten.
Ni nalkas åter i mörka natten,
stiger fram ur dröm och dvala,
jag gråter och glädjes inte av det liv,
som en gång varit vävens mönster,
känslornas minnesgåtor.
Allt som älskades hett och nära
orkar jag inte längre bära.
Valv och kolonnader störtar samman,
lämnar rykande raviner i tidens rum,
smärtorna stiger som födelsevatten -
ORDEN ÄR MINA OM NATTEN.



*

Orden tål inte längre
att vridas, vändas och ändras på.
Det är som när blommor i ett fönster
ständigt flyttas kring,
de växer i märkliga mönster,
men blir till ingenting.

*

Så sjunker orden som dis av stjärnor
i ett nät till botten av själens sjö
mellan kretsarna i våra hjärnor.

Är orden dömda att i mörker dö
eller finns ett inre ljus? Har himlen tänt
en sol, som skänker kraft åt ordens frö?

Vem vet ett svar? I skördetid blir känt,
om sådden fått grogrunden och ljuset,
allt ofullgånget blir kastat och bränt.

Vi går i bävan efter diktarruset
och lyssnar efter mening och musik.
Finns ordens frukt i det inre huset?

Vi är både aktörer och publik.

*

Jag har prövat tigandets ädla konst
övat i stort och smått genom åren
till dess att mina vilda fåglar flög bort
och lämnade osagt salt i såren.

EVA GRIP, eva.grip@evagrip.se

## De rätta orden

En ko bligar på dem, till hälften dold av älggräset. Nyfiken följer hon dem, bakifrån belyst av månen. Paddelbladen skär ytan och särar vattenmassorna. Kraftiga tag i mjukt motstånd. Vänster. Höger. Och vänster igen. Anders har lärt henne hur hon skulle hålla. Ena handen däruppe och andra på bekvämt avstånd längre ner.

- Det heter paddel och inte åra.



Det är lättast att hålla höger hand däruppe. Men efter en stund värker överarmens muskler så att hon måste byta. De tar några tag. Vänster. Höger. Vänster. Sedan vilar de. Kanoten fortsätter själv som en vass kniv sprätta sig fram. Tyst. Alldeles tyst glider den fram på resterna av deras gemensamma kraft. De tar sig fram i en rytm som det har tagit dem några timmar att hitta.

Hon koncentrerar sig på vattenmängderna hon för bakåt. Vänster. Höger och vänster. Känner kroppen arbeta. Hon tittar just inte mer än två meter framför sig och ibland ut över sidorna. Men när hon vilar med paddeln över knäna blickar hon framöver så långt hon kan. Julikvällen suddar ut och skapar dunkel.

Ena flodkanten åt sidan är så mycket belyst att den fortfarande är färgad. Nästan som på dagen. Den andra i motljus är grå, svart och vit och döljer kanske hemligheter. Där kan braka till bland ungträden i skogen, men de ser för det mesta inget ovanligare än en ko.

Hans blickar vilar på hennes rygg. På hela ryggen. De finns där och hon kan inte koppla bort dem. Hennes baksida är behärskad av hans blickar och hon kan inte vila från dem en sekund. De äter sig genom huden in i kroppen.

Barnet mellan dem sover tillbakalutad mot packningen och är inget skydd nu, mot blickarna som borrar sig inåt. De tar hennes tankar i besittning.



Hon anstränger sig att låtsas bort honom. Att det är någon annan som sitter där. Cilla till exempel. Hon kan inbilla sig hur kroppen skulle ha känts då. Lugn. Den skulle inte ha märkts. De skulle ha pratat men tyst. Med sina djupaste stämmor för att inte bryta av mot dunklet och de vita lätta dimmorna.

Ibland skulle de ändå ha skrattat. När deras tankar kolliderade i sina färder mellan dem. Ett skratt som skulle ha rullat vidare över vattnet och brett ut sig över flodkanterna. De skulle ha behövt vila sig från paddlandet och ha pustat tills det åter bara hade funnits stillhet runt dem. Sedan skulle de ha fortsatt in i tystnaden tills någon av dem haft något nytt att säga.

- Ser du kon? Vad vackert det ser ut med månen bakom. Hon hör sin gälla röst. Hoppressad.

- Ser du kon? sa jag.

- Ja. Han låter trött och uppgiven.

Finns det inget annat hon kan tänka? Finns det inget annat hon kan säga så att han svarar med mer än ett ord? Hon försöker låtsas att han är Cilla igen och känner efter vad hon skulle ha sagt i så fall.

- Du, vet du vad jag gör? Jag låtsas att du är Cilla. Jag låtsas att du är Cilla bara för att jag tycker att det är så tryckt stämning och jag vet inte vad jag ska säga när det är du som sitter här och jag kan inte bara koppla av och njuta av tystnaden. Jag tycker inte det är en skön och lugn tystnad utan en tryckt tystnad. Precis som om du sitter och håller på något som du inte säger.



- Går det bättre då? Hon kan inte undvika att höra ironin i hans röst, men kan inte svara på den.

- Ja. Om jag anstränger mig mycket så kan jag inbilla mig att det är hon och jag som är ute och att det är hennes och min tystnad som inte känns hotande. Hon tar några tag och lite vatten rinner ner från paddeln så att hennes lår blir vått.

- Så bra då. Han skrattar. Inte ironiskt längre. Mera som om hon vore ett barn som kan tillåtas ha sina barnsligheter i fred. Och det lugnar henne.

Hon försöker tänka bort honom och tittar runt sig, anstränger sig att pränta in skönheten och uppleva den tidiga julinattens andande friska gröna.

Tältet lyckas de sätta upp. Han bär barnet ännu sovande, från kanoten upp över ängen vid sjön där de slagit läger. Hon väntar inne i tältet och har rett i ordning liggunderlag och sovsäckar. Klara sover djupt och det går bra att dra av henne flytväst, regnbyxor, stövlar och jacka.

Mössan låter hon sitta på. Sovsäcken är kall och känns nästan fuktig. Med Klara över knäna, stödd bakom huvudet av ena armen, letar hon med den lediga handen upp en ullig tröja i en av sina väskor och placerar i sovsäcken. Sedan lägger hon ner barnet och drar igen blixtlåset. Liggande vid sidan om, håller hon armarna runt och pressar den lilla kroppen intill sig, för att ge den lite av sin egen värme. Själv känner hon sig klarvaken och vill inte sova ännu.



Anders tar upp det sista ur båten. Hon hör hur han ställer en av backarna utanför tältet. Hon lossar taget runt sitt barn som har blivit varmt. Hon lägger sin egen sovsäck över flickan, drar på sig stövlarna som står alldeles i öppningen och går ut.

- Ska du inte lägga dig? frågar han.

- Jag hade tänkt jag skulle skriva dagbok under den här resan, så jag sitter uppe en stund.

- Jaha, jag går och lägger mig i alla fall.

- Jag kommer snart. Jag ska inte sitta uppe så länge. Han går in. Hon följer efter och hämtar anteckningsbok, penna och sin regnjacka.

Han har satt sig ner och håller på att dra av byxorna och stövlar samtidigt. Hon måste kliva över hans vita ben för att komma ut genom tältöppningen. Han krokar fast henne med dem. De är långa och starka.

- Puss.

- Puss, säger hon och vrider sig för att komma ur hans grepp.

- Puss.

Hans ben tvingar henne över honom och hon ger honom, balanserande sin tyngd på vänster arm, en puss. Han släpper henne och hon kan krypa ut.



Hon går ner till strandkanten och sätter sig på en sten. Hon är fri från hans blickar och kan vara med sig själv. Ensam och fri. Det är så hon ville ha det, åtminstone nu en stund. Hon vill se sig själv. Förstå.

Fortfarande är det stilla. Månen lyser beslöjad. Med papper och penna försöker hon se dagen som den varit. I Arvika hade de upptäckt att packningen var för stor. De hade brett ut sina saker på bänkarna utanför stationen.

- Sådär många tröjor behöver du inte och ett par långbyxor får räcka. Han la undan två t-tröjor och den långärmade. Han stuvade undan de nyinköpta jeansen tillsammans med tröjorna.

- Du då, ska inte du lägga undan något?

- Visa mig vad det skulle vara. Jag har inte packat ner så mycket som du.

- Vad har du i den svarta väskan då? Hon visste, men frågade i alla fall.

Axelväskan han alltid släpade på, proppfull med böcker och pennor som han behövde om han skulle komma att tänka på något viktigt. Han hade haft en likadan förut men den hade blivit uppsliten i sömmarna och blixtlåset hade gått sönder. Den nya nu skulle snart gå sönder på samma sätt.

- Där har jag inget jag inte behöver, det är mina personliga saker. Gråten skar i halsen på henne.



- Om du ska ha dina personliga saker så måtte jag väl kunna få ha en ynklig t-tröja extra och byta med, så att jag inte ska behöva vara så svettig och äcklig som du.

Han hade vänt ryggen mot henne och börjat packa ner sina kläder igen. Hon tog sina plagg ett och ett och bombarderade honom med dem. Han räckte henne den tunnaste vita tröjan med gult mönster.

- Ta den här om det ska vara så noga. Men nu måste vi skynda oss så att vi hinner äta och handla innan bussen går.

Han knöt ihop sin ryggsäck, tände en cigarett och väntade på henne medan hon plockade upp sina utspridda kläder. Skakade och rullade ihop dem och la dem i skilda plastpåsar igen. De lämnade in en kasse i effektförvaringen och stoppade bagaget i två förvaringsboxar. De gick till ett lunchställe i närheten.

Hon och Klara satte sig sedan de valt. Anders köade och bar fram maten. Klara åt inte mycket. Hon blev tvungen att truga i henne och fick sitta och mata dottern.

- Då går jag till Systemet så kan ni handla kvällsmat i affären här borta. Han hade redan ätit och rökte till den sista skvätten öl. Klara kinkade.

- Ta bara lite potatis till. Sen dröjer det länge innan vi får mat.

Klara vände bort huvudet med hopknipen mun som en ett- eller tvååring och inte alls som den femåring hon var.



- Vi måste skynda oss, förstår du. Vi måste handla också innan bussen går. Snälla Klara, ät upp nu!

Barnet tog en tugga till och själv slängde hon i sig sitt sista.

Anders väntade när de kom tillbaka till stationen. Han hade redan öppnat en öl och stod och rökte. Han hade räckt henne burken.

Så hade det alltså sett ut och detta hade bara varit två av flera tillfällen under dagen som hade fått hennes kropp att värka av ilska. Hon hade hatat honom. Ilskan som sväller som en varm våg i henne. Växer och breder ut sig. Likadant varje gång, men den fyller henne aldrig. Når aldrig hennes tunga, hennes ögon, hennes hud.

Den sjunker tillbaka snabbare än den svällde och lämnar ett gnagande omättligt tomrum efter sig. Ett tomrum, förkolnat, vars aska när stumhet, maktlöshet eller ibland bara fel ord.

Han är ju inte elak, inte alls. Egentligen hade det bara varit för henne att säga ifrån. Att låta den varma ilskan ta överhanden och kanske få henne att hitta orden hon behövde. De som skulle få honom att förstå. Om han kunde.

Hon börjar frysa där hon sitter. Såhär kan det inte fortsätta det förstår hon. Hon är tvungen att visa den som är hon för honom. Hon är tvungen att riskera att han inte ska förstå.

Hon stiger upp och går mot tältet. Månen skiner klart nu. Hon tar av stövlarna utanför innan hon krånglar sig in. Tälttyget är fuktigt och kallt av imma. Klara rör sig lite när hon försiktigt lyfter sin sovsäck av dottern. Hon sätter sig på den och klär av sig snickarbyxor och behå. Innan hon stänger blixtlåset buffar hon byxorna in under nacken, med ryggen vänd mot Klara. Nära sitt ansikte känner hon Anders andetag. Han sover.



Hon vaknar av att hans arm smeker sig ner under hennes sovsäck, i den outhärdliga hettan som blir i ett stängt tält när solen ligger på. De älskar som varma, sömniga björnungar och deras fukter blandas med den redan kvava luften. Genomsvettig på ryggen hukar hon sig sedan fram och öppnar. Frisk luft strömmar in samtidigt som Klara gnyende vaknar. Hon vänder på huvudet och ser att Anders somnat om.

PETER WINAI, peter.winai@winbooks.se

## Ordens kraft - några noteringar

Ett Ord
Åtföljs av en blank.
Vad ryms därefter, i den blanka rutan?
Tystnad? Mening helt förutan?

Ett Ord kan lyfta dig i håret
Ett Ord kan öppna upp det gamla såret

Ord har mening som kan njutas
men ändå snabbt förskjutas

Ord betyder, innefattar och betecknar
De kan bytas ut och famna något nytt.
Låser upp och öppnar
Fångar tiderna som flytt

Men
Ord kan också stänga, låsa in
Ord kan stånga, de kan vara mycket vrånga!

Vad är värst? Kärnvapen, missiler, drönare? Machetes?
Hur kan du fråga!? FN har en kommission …
Nej! Det ordet rimmar illa!

Det är språket:
Språket kan förleda och föröda
Ord kan döda
Om de andra kallas kackerlackor,
gång på gång

Då dödar orden

Ditt ansvar har du med Ordet i din mun.
Ord har krafter som kan glöda och
De kan också föda
och förlösa
Det är de Orden du ska slösa
på din nästa!

Det vore väl det allra bästa.

KARIN EBERHARDT GRÖNVALL, karin.egronvall@gmail.com

## Orden som bestämmer livet

Mamma!
Det första ordet
Du ser mig, jag är här
Jag behöver dig
Förutsättningen för mitt liv

Vi får la ta henne da
Vi får väl ta henne då
Vi. Får. Väl. Ta. Henne. Då.
Förnedringen, föraktet, värdelös
Ingen vill ha henne

En ypperligt, ypperlig uppsats
Upprättelsen – vad är den värd?

Slampa! Slyna!
Säger mamma, förutsättningen för mitt liv …

Jag älskar dig
Jag älskar dig INTE

En liten förändring
Vi får ta hela bröstet, inte bara en liten bit

Det är jag, mina ord, men …

Andra ord, viktigare ord:
Kejsarens kläder är utsökta! Förtjusande! Vilka färger! Vilken kvalitet!
Men mamma – han är ju naken!

Barnets rena oförfalskade spontana ord får de vuxnas falska,
inställsamma, manipulativa påståenden att rämna,
att falla platta betydelselösa till marken.

Vilka ord bestämmer våra liv?

GUNILLA KARE, stallaxtorp@live.se

## Elina och Tystnaden

”Du ska vara tyst.” Han väste i Elinas öra. Hon hade tänkt be om lite vatten.

”Jag säger till dig om jag vill att du ska säga något.”

Ingen verkade lägga märke till dem. Det var första gången på flera månader som hon fick komma ut. Solen sken från en klarblå himmel och det var varmt. De gick genom parken. På gräset satt par och familjer på rutiga filtar och åt medhavd matsäck.



Tanken på flykt fanns där hela tiden; men hur? Innan de gick ut hade han knutit ett band runt hennes handled och nu höll han i änden. Ingen såg det men bandet hindrade henne från att bara springa ifrån honom.

På dagarna var han borta men han såg alltid till att låsa ordentligt. Hon var inlåst i det rum som inte hade några fönster. I början hade hon bultat och bankat och skrikit. Han hade hånskrattat.
”Det är ingen som kan höra dig.”

”Ödmjukhet”, sa han. ”Du måste visa större ödmjukhet. Och tacksamhet. Jag tar hand om dig. Du är min, vem skulle du annars vara? Vem skulle vilja ha dig?”

Hon fick inte prata, aldrig säga något. Han försökte beröva henne språket. Vad är en människa utan språk? Men han kunde inte kontrollera hennes huvud. I sitt huvud skrev hon de vackraste dikter. Hon kunde dem utantill. Varje dag diktade hon nya ord i sitt huvud. Och memorerade, sparade för att ha kvar när hon blev fri. När hon blev fri, inte om. De första dikterna började med: Jag är någon.

Första gången hon såg honom blev hon knäsvag och stum. Men det gjorde ingenting för han pratade hela tiden. Hon var van vid män som talade, orerade. Så var hon uppfostrad. Kvinnan tige i församlingen. Hennes far talade, hennes mor teg och Elina gjorde som sin mor. Kanske var det just denna hennes stumhet som tilltalade honom.

Andra gången hon såg honom gick hon med honom hem.



Tredje gången låste han in henne.

Hon hade letat efter något att skriva med, något att skriva på, men han hade rensat rummet från allt. Så ristade hon in orden i sin hjärna i stället. Dit hade han inte tillträde. Dit kunde han inte nå. Det var hennes eget rike. Jag är någon. Jag har ord, jag har ett språk.

Efter en tid blev han mindre noggrann. När han var hemma fick hon röra sig fritt inomhus. Hon hade lärt sig att vara tyst, att inte svara, för att göra honom nöjd.

En kväll gick hon ut i köket och hämtade förskäraren i kökslådan. Hon kände med fingret på eggen. Det skulle fungera. Det gick förvånansvärt lätt, krävde inte mycket kraft. Efteråt var det blod överallt och benen bar henne inte. Skulle hon ringa polisen? Eller bara gå? För en stund blev allt dimmigt.

Efteråt satt hon på en parkbänk med block och penna och skrev. Allt som hon hade i sitt huvud skulle ner på pränt. Hon hade sett kvällstidningsrubrikerna och drabbats av ett lugn. Nu skrev hon. Det var en ny start. Frihet.

Diktsamlingens namn blev Tystnaden och kritikerna tävlade om att överösa den med superlativer. Men den sista dikten; vad symboliserade den? Det var kniv och blod och död och den passade inte in bland de identitetsstärkande små poemen som tolkades som en ung kvinnas försök att hävda sitt egenvärde genom språket. Elina log. Jag är någon. Nu är du tyst.

## EMIL AHLBERTZ

I glaset en klarvaken sanning.
Ge mig bara en dikt av Octavio Paz.
Har du Den våldsamma årstiden?
vindens trappor svarade dig aldrig.
Vid havsstranden
dikter av förlorade snöfall.

I telefon säger du
att du inte mäktar med
sonettkransarna som florerar
utan förbehåll,
i rummet står skrivmaskinen
med manus på gulnat papper.
En orörlig fluga på sida tre

# Författarregister: